文芸社セレクション

改訂版・永井隆博士の思想を語る

（永井博士生誕百周年の記念講演会録）

山内 清海

文芸社

改訂版・永井隆博士の思想を語る

（永井博士生誕百周年の記念講演会録）

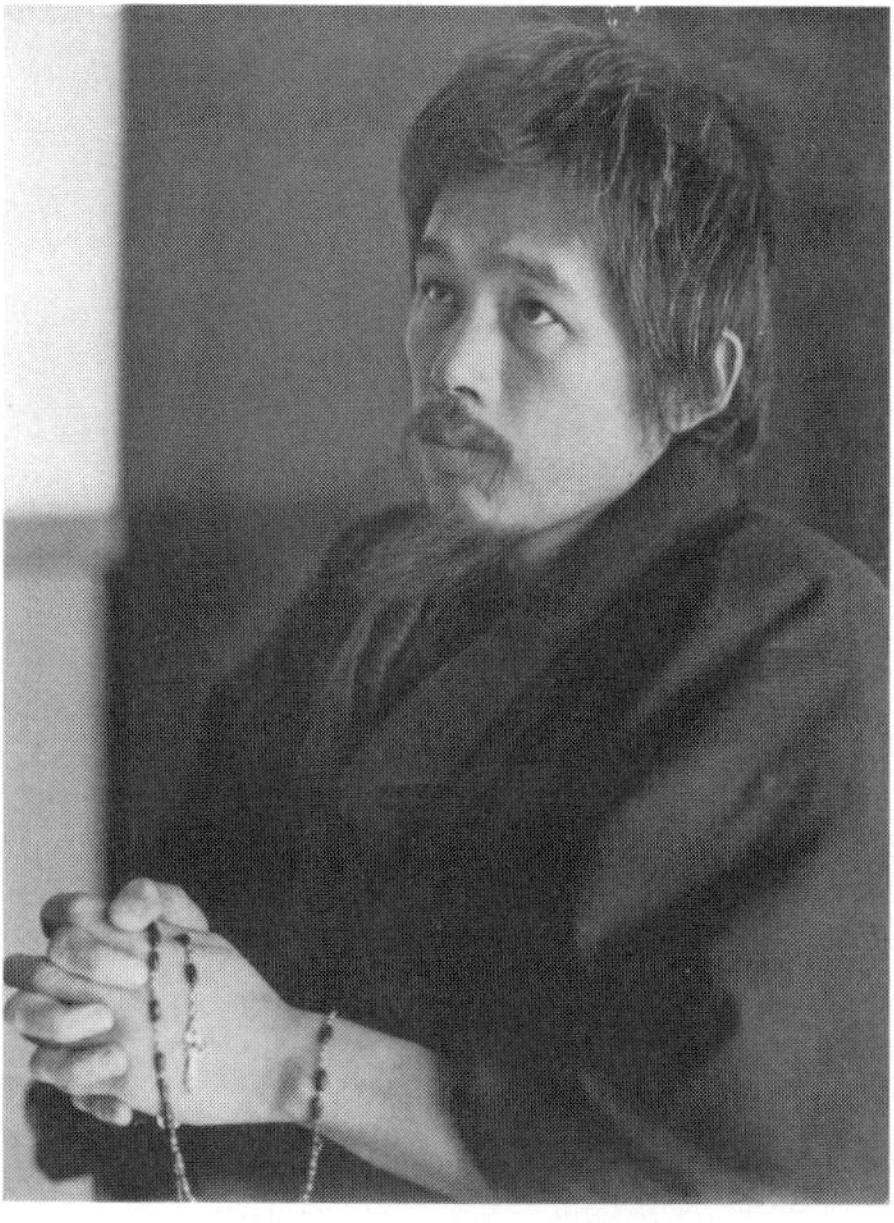

目次

推薦の言葉

長崎大学大学院教授
「永井隆博士の思想を語る」講演実行委員会代表
山下俊一

原爆被災直後の壊滅した浦上の地で、復興と平和希求の鐘を鳴らし続けた思想家永井隆博士をカトリックの宗教観に根ざして語られた山内清海神父様は、長崎の宝です。

一昨年来、様々な「永井隆生誕百周年記念事業」が行われ、人間永井隆から医師としての永井隆などについて数多く語られてきました。私自身は同窓の一後輩に過ぎませんが、長崎大学附属病院に永井隆記念国際ヒバクシャ医療センターを創設し、さらに長崎ヒバクシャ医療国際協力会の国際活動の一環として永井隆記念長崎平和賞を設けることで、故久松シソノ看護部長の思いを始め博士を知る関係者のご遺志を継いで、長く博士を顕彰したいと努力しています。しかし、「長崎の鐘」を平和の象徴とされ、自らも白血病と共に終末期を如己堂で過ごされた永井隆博士の信仰者としての真の姿を正しく伝えることは大変な困難さを伴います。その難しさの中で、二〇〇八年度に山内清海神父様が、「神の摂理」、「いけにえ論」、「平和論」の三回シリーズでご講演頂いた内容は、カトリック信仰の原点から見事に「永井隆の思想」が語られています。

その記憶が新たなうちに素晴らしい講演内容をお纏め頂いた山内清海神父様に心からお礼と感謝を申し上げ、本書の推薦の言葉とさせて頂きます。永井隆博士の思想を知ることで、聖書に立ち返り、そして祈りの秘跡に与ることができるでしょう。

「キリストは、へりくだって、死に至るまでも、それも十字架の死に至るまで従順でした。このため、神はキリストを高く上げ、あらゆる名に勝る名をお与えになりました。」（フィリピ2：8―9）

最後に、実行委員会の中心メンバーである井上淳、池田智忠、小畑郁男、小畑洋子、鹿山清人、吉村正寿の各氏らに感謝申し上げると共に、後援して頂いたＮＰＯ法人長崎如己の会、日本カトリック医師会長崎支部、長崎大学附属病院永井隆記念国際ヒバクシャ医療センター、カトリック長崎大司教区福音化推進委員会「正義と平和推進部会」の皆様に感謝申し上げます。

はじめに

今年（二〇〇八年）は、永井隆博士生誕百周年記念の年にあたり、長崎はもちろん、県外や外国でまで、いろいろの記念行事が盛大に行われています。しかし永井隆博士については、ただ賞賛の声ばかりではなく、いまだに、かなり厳しい批判の声も少なくはありません。そこで、永井についての誤解の一部でも解消し、かれについての正しい理解を深める必要から、長崎のカトリック信徒有志たちによって、『永井隆博士の思想を語る会』の実行委員会が結成され、夏痩せで（？）軽いわたしが、講師として担ぎ出される羽目になりまして、今回の講演会の開催となりました。

わたしは、今日の講師の役を快諾しましたが、実を申しまして、ここ数日、悪夢に悩まされて熟睡できず、夜中に何度も目覚めさせられました。その悪夢というのは、この会場に、四、五人だけの聴衆しかいない、ということでして、わたしは、もしこれが正夢だったらどうしよう、と思い悩んでいた次第です。今朝は、開演三時間前に、大きな不安をいだきながらこの会場に来ましたら、すでに五、六人の協力者たちが、忙しそうに準備をしてくれていまして、わたしは一方では「ほっ」、と安堵の胸をなでおろしました。しかし、同時に、「かれらは予定の協力者だから……」と考えると、わたしの不安は払拭されず、まだまだ不安な気持ちでいっぱいでした。しかし開演の時間が近づくと、皆さん続々とおいでくださり、予想をはるかにこえて、会場が満席になりました。わたしはそのとき、本当に安心しました。皆さん、暑い中、しかもお盆前のお忙しい中、わざわざおいでくださいまして、心から感謝申し上げます。ほんとうにありがとうございます。

また今回の講演会開催のためには、はじめから、企画と宣伝に奔走してくださった実行委員会の方々をはじめ、このような行事のたびに、いつもご協力を惜しまない、カトリック長崎大司教区福音化推進委員会「正義と平和推進部会」の皆様にも、心からお礼申し上げます。

さて、わたしの講演は、連続三回で構成されています。その理由についてもここで一言申し述べておきます。実は、昨年まで、長崎大学教授として「哲学」の教鞭を執っておられた高橋眞司先生が、『長崎にあって哲学する――核時代の死と生』、『続・長崎にあって哲学する――原爆死から平和責任へ』（いずれも北樹出版）というタイトルの二冊の、とても立派な研究書を公刊されました（以下、単に「高橋」、あるいは「高橋・続」とします)。高橋教授は、大学での哲学の講義だけではなく、いろいろな平和推進運動を熱心に続けておられる、真摯で、活動的哲学者でして、わたし自身も、すでに十四、五年前から、個人的にも親しくさせていただいています。高橋教授はこれら二冊の著書で、厳しい永井批判を展開させていますが、かれの意見は、今回のわたしの講演シリーズに大いに参考になりました。

ところで高橋は、長崎原爆について、(1)そもそも長崎の原爆をどう見るか、(2)原爆の死者をどう見るか、(3)生きのびた被爆者は何をなすべきか、以上三つの問題を提起して、永井に仮説的に問いかけています。そして高橋は第一の問いに対する永井の答えを「摂理」、第二の問いに対しては「燔祭」(holocaust)、そして第三の問いに対しては「試練」、と答え、以上三つによって「浦上燔祭説」が成立する、と提唱しています(「高橋」、198―199頁)。高橋のこのような分類は、理論的で、分かりやすいと思いますので、以下わたしは、基本的には高橋のこの分析にしたがって、講演会を三回に分けて行うことにしました。ただし高橋が第二の問題としておられる「燔祭」(holocaust)を、わたしは「いけにえ論」に、第三の高橋のいわゆる「試練」を、少しニュアンス的な相異があるでしょうが、「平和論」に変更して、自分の考えを展開していくことにします。高橋が第三の設問で問題にしていることは、まさに原爆の被害にかろうじて生き残ったわたしたちが、何をなすべきかを問うものだと思いますが、それは永井にとって「世界平和のために努力する」ことにほかならなかった、とわたしは考えているからです。

いずれにせよ、わたしは今回、この第一回目の講演で、永井についての批判や論争の起点となっている、神の「摂理論」に問題を絞って、考察いたします。

第一章　原爆投下と神の摂理

小さな花にも神の摂理

I　永井の「摂理論」についての論争

永井隆博士が、その多くの著書の中で、「神の摂理」について語っていることは、かれの書を一冊でも読まれた方には明白でしょうが、以下、永井の著書の中でも、もっとも多くの人に読まれ、親しまれている、『この子を残して』と、『長崎の鐘』から、摂理に関する個所の一部をご紹介しましょう。

1　『この子を残して』より

「――主与えたまい、主取りたもう。主のみ名はつねに賛美せられよ！

元来私は、無より神の愛によって創造された。母の胎内に宿った時が私の創造であった。その時以来今日に至るまで、私の得たすべての物は皆神の与えたもうたところである。健康、才能、地位、財産、家族など、すべて元来私の所有ではなかった。だから、いつどこで、これらのものを取り上げなさっても、私が損をするわけではなく、また得をするわけでもない。別に嘆き悲しむに当たらない。御摂理のままにお任せするのが当たりまえである。そして摂理はつねに感謝して賛美せらるべきものである。なぜなら、神は愛する一人の人間を創造になった、それが私であったからである。神は私を愛したくて、私を創造なさった。神に悪意の創造はない。神は常に私を愛し、絶えず私の幸福を願っておられる。与えたものが愛の思し召しによるものであると同じく、取りたもうのも愛の思し召しによる。私の身のまわりに起こるすべては、神の愛の摂理のあらわれである。それゆえ私はいかなる目にあおうとも、神の御名を賛美せずにはおられない。……
……

それを見た生き残りの私たちは、原子爆弾は決して天罰ではなく、何か深いもくろみを持つ御摂理のあらわれにちがいないと思った。

私も同じ日、無一物の弱り果てた者となって、幼い二人の子をかかえて焼け跡に立たされたのだが、これは何か知らねど、愛の摂理のあらわれである、と信じて疑わなかった。

それから三年の月日をしのいで今日に至ったが、あの日の私の信仰が正しかったことが次第次第に証明されてくる。……

……やがて私を訪れる『死』もまた、限りない愛にましますす神の私に対する最大の愛の贈り物であろう。それゆえ、死の前に通らなければならぬ心の悩みも体の苦しみも、神のみ栄えのあらわれのために必要なものとして、悦んでこれを受

けようと思っている……」(『全集』、第一巻、22―24頁参照)

2 『長崎の鐘』より

「昭和二十年八月九日午前十時三十分ごろ、大本営に於いて戦争最高指導会議が開かれ、降伏か抗戦かを決定することになりました。世界に新しい平和をもたらすか、それとも人類を更に悲惨な血の戦乱におとしいれるか、運命の岐路に世界が立っていた時刻、すなわち午前十一時二分、一発の原子爆弾は吾が浦上に炸裂し、カトリック信者八千の霊魂は一瞬に天主の御手に召され、猛火に消し去ったのであります。その日の真夜中、天主堂は突然火を発して炎上しましたが、これとまったく時刻を同じうして大本営に於いては天皇陛下が終戦の聖断を下し給うたのでございます。八月十五日終戦の大勅が発せられ、世界あまねく平和の日を迎えたのでありますが、この日は聖母の被昇天の大祝日に当たっておりました。浦上天主堂が聖母に献げられたものであることを想い起こします。これらの事件の奇しき一致は果たして単なる偶然でありましょうか？ それとも天主の妙なる摂理でありましょうか？

日本の戦力に止めを刺すべき最後の原子爆弾は、元来他の某都市に予定されてあったのが、その都市の上空は雲にとざされてあったため直接照準爆撃が出来ず、突然予定を変更して予備目標たりし長崎に落とすこととなったのであり、しかも投下時に雲と風のために軍需工場を狙ったのが少し北方に偏って天主堂の正面に流れ落ちたのだという話をききました。もしこれが事実であれば、米軍の飛行士は浦上を狙ったのではなく、神の摂理によって爆弾がこの地点にもち来らされたものと解釈されないこともありますまい……」（永井による「原子爆弾合同葬弔辞」からの抜粋。『全集』、第二巻、77―78頁参照）。

永井自身のこのような言葉を読むと、かれにとって神の「摂理」は、もはや学問的議論や思索の対象ではなく、むしろ神への絶対的信仰の対象にほかならないことがよく分かります。このように、永井にとって神の「摂理論」は、長崎への「原爆投下」とは不可分的に関わっていることがよく理解できます。それゆえにこそ、この点に関して、永井は批判者たちの集中攻撃を浴びることになるのです。

以下、この問題についての、多くの永井批判論者たちの中から、問題点を簡潔に表現している、作家・井上ひさし氏の考えを中心に、永井批判の一部をご紹介しましょう。

3　永井批判

このような永井の思想についての高橋教授の批判は、とても厳しく、壮絶である、と言うべきでしょう。高橋にとって永井の言う神の「摂理論」は、永井思想の起点であるばかりか、かれの思想全体に流れる命ですから、後述する機会があると思いますが、ここでは、ただ井上氏のそれだけを紹介するに留めておきましょう。

井上氏は、『ベストセラーの戦後史1』、（文藝春秋社）で、永井の『この子を残して』を中心に、永井の思想について厳しく批判を展開していますが、その最後の部分で、特に永井が、原爆を投下したアメリカの戦争責任を封印していることを指摘し、次のように総括的、かつ悲観的に、しかも徹底的に批難しています。

「もうあれこれ過去を詮索しても仕様がない。われわれはとにかく生き残ったのだから、将来を見据えてさらに生きつづけなければならぬという考え方も日本人のあいだにうまれてきていた。すべては神の摂理、天主の恩寵という始末のつけ方がカトリックとやらにあるのなら、そいつを拝借してひとまず過去は清算ずみということにしようではないか。永井隆の思想は、当の日本人にとっても便利重宝なものだったのである」（63頁）

このように考えると、永井の思想を探究するためには、まず神の「摂理とは何か」その概念を明白にすることから始めなければならないことは明々白々です。だから、わたしたちは早速、永井が拠って立つカトリックの教える「摂理論」についての考察から始めなければなりません。

Ⅱ　摂理についての神学的考察

「摂理」の問題は、神学史上、常に議論され、いまだに完全に満足する解答は得られていない、まさに神の「神秘」に満ちた、難解な問題ですから、わたしがここで、皆さんを完全に納得させることができるはずはありません。しかしわたしは、この難問題を少しでも理解するための小さな糸口でも、一緒に探し当てられれば幸いだと思って、あえてこの問題に挑戦したいと思います。

1　神の摂理とは何か

『カトリック教会のカテキズム』（中央協議会訳、以下『カテキズム』とする）には、摂理について、次のように定義されています。

「被造界は固有の善と価値を備えていますが、創造主からまったく完成したものとして造られたものではありません。神が定めた、これらの到達しなければならない究極の完成に『向かう途上』にあるものとして造られました。神がご自分の被造物をこの完成に向かって導かれるはからいのことを、摂理と呼びます」（302番）。

カトリック教会の教えによると、神は万物の創造主であり、しかも完全なる、内的、外的調和のもとに万物を秩序づけ、かつ導かれる最高・絶対者でありますから、神は、まさに万物を、摂理によって導かれる方です。しかしそれならば、全知・全能なる神は、なぜ万物を、「完全なもの」としてお造りにならなかったのだろうか、という疑問が起こります。もちろん『カテキズム』にも明記されていますように、神によって創造された万物は皆、固有の価値と目的を持っています。しかし決して、「完全なもの」、あるいは「完成されたもの」ではありません。神以外のすべては、あくまでも被造物に過ぎません。万物は、「創造主」から、まったく「完成されたものとして造られた」ものとしてではなく、むしろ神によって定められ、到達すべき究極の完成へと「向かう途上」にあるものとして造られています。その限り、すべての被造物は不完全な存在ですから、決して完全ではありません。この被造的不完全さを、哲学者・ライプニッツは、「形而上的悪」と呼んでいます。

では、神はどうして、完成された善、すなわち完全なる善ではなく、形而上的悪、つまり「完成途上」にある不完全な被造物を創造されたのだろうか、と問う人が当然いるでしょう。しかし、もし神が「完全」な、あるいは「完成された」被造物をお造りになったとすれば、それは、神がもうお一人の神をお造りになる、ということになり、このようなことは、矛盾する結果をもたらします。いかに絶対的、全知・全能なる神でも、自己矛盾を犯すことなしに、もう一人の絶対的存在である神を創造することとはありえないからです。ですから、神以外のすべてのもの、すなわち全被造物は、神のように、決して完全ではなく、不完全であり、その意味では、ライプニッツのいわゆる「形而上的悪」は、被造的万物の「被造性」、あるいは「その本質的有限性」にある、と言い換えることができるでしょう。ですから神は、ご自分の創造によるこれら「不完全な善」、完成「途上に」ある被造的善を、到達すべき固有の完成へと導かれています。神のこのような計らいを、わたしたちは「神の摂理」と呼ぶのです。しかも、神のこのような摂理は、普遍的で、すべての被造物に及ばなければなりません。ですからカトリック教会はすでに、一八六九年十二月八日から、一八七〇年十月二十日まで開催された第一バチカン公会議の、『カトリック信仰に関する教義憲章』で、次のように公言しています。

「神は、ご自分が造られたすべてのものを摂理によって保ち、治められます。『この世の果てから果てまで、その力を及ぼし、すべてのものを巧みにつかさどり』（知恵8・1参照）、また被造物の自由な行動をも含めて、『神の前に隠れることができるものは何一つない』（ヘブライ4：13）のです」（デンツィンガー・シューンメッツァ、A・ジンマーマン監修、浜寛五郎訳、『カトリック教会の文書資料集』、エンデルレ書店、3003番）。

右のテキストでわたしたちは、神の摂理が普遍的で、しかもそれが、「被造物の自由な行動」へも及んでいる、という表現に留意しなければなりません。後で、神の摂理の普遍性と、人間の自由意志の決定とが、難しい神学的な問題を提起することになるからです。しかしここではとりあえず、摂理の普遍性についてだけに問題を絞って考察を続けましょう。

同じく『カテキズム』（203番）も、神の摂理が具体的、直接的であるばかりか、ごく些細なことから、大きな歴史的出来事にまで及ぶことを、次のように宣言しています。

「聖書の教えは異口同音に、摂理のはからいは具体的・直接的であり、ささいなことがらから世界と歴史の大きな出来事に至るまで、すべてを配慮すると述べています。聖書は、出来事が進行する過程で神が絶対の主権を持っておられることを断固主張します。『わたしたちの神は天にいまし、み旨のままにすべてを行われる』」（詩編115：3）。そして、キリストについては、『このかれが開けると、だれも閉じることなく、閉じると、誰も開けることがない』（黙示録3：7）と述べています。『人の心には多くのはからいがある（が）、主のみ旨のみが実現する』（箴言19：21）。

聖書はこのように、聖書の第一の著者である聖霊は、その実現のために協力する、いわば第二の原因についてふれることなく、すべての行為をしばしば神に帰していますす。それは神の首位権、歴史と世界に対する主権をわたしたちに想起させ、わたしたちの神への信頼を高め、深めるためです。この意味でイエスは、特にわたしたち人間に、「自分の命のことで何を食べようか何を飲もうかと、また自分の体のことで何を着ようかと思い悩むな。命は食べ物よりも大切であり、体は衣服よりも大切である。……何よりもまず、神の国と神の義を求めなさい。そうすれば、これらのものはみな加えて与えられる。だから明日のことまで思い悩むな。明日のことは明日自らが思い悩む。その日の苦労は、その日だけで十分である」（マタイ６：25―34参照）、などと仰せられたのです。

このように、神はたしかに、「ご自分の計画を実現する最高の主です」が、しかし「その実現のために、被造物の協力をもお求めに」なっておられることもたしかです。それはもちろん、神の弱さのためではなく、むしろ「全能の神の偉大さといつくしみのしるし」です。事実神は、「被造物に存在を与えられるだけではなく、被造物が自ら行動し、互いに原因および出発点となり合って、ご自分の計画の達成に協力する資格をお与えになるのです」（『カテキズム』、３０６番参照）。

このことは特に理性的存在である人間について言えます。『創世記』には、創造主は人間の創造にあたって、「海の魚、空の鳥、地の上を這う生き物をすべて支配させよ」（1：28）と言われた、と明記されています。『カテキズム』も、この『創世記』を示唆しながら、「神は人間に地を従わせ、支配する責任をゆだね、摂理に自由に参与できるようになさいます。そのために神は、人間を、創造のわざを発展させ、自分たちと隣人の利益のためにそのわざの調和を完成させるための要因として、知性と自由意志を備えた原因となるのです」(右同307番)と、摂理の第二原因としての人間について言及しています。しかも『カテキズム』は、この摂理の第二原因である人間について、「しばしば無意識のうちに神のみ旨に協力していますが、意識的にも、行動と祈りによって、また、苦しみによっても、神の計画に進んで加わることができます。そのとき人間は、完全に『神の協力者』(Iコリント3：9)、となるのです」(右同)、と言明しています。摂理に対する人間の側からの協力については、後でより詳細に論じなければなりませんが、いまここでは、これ以上言及することなく、議論を先に進めることにしましょう。

しかしここでわたしたちは、新しい、しかも難解な問題に遭遇します。すなわちそれは、ではなぜ、この世界に悪が存在するのか、という問題です。すべてが神の支配下、摂理下にあるのであれば、この世界における悪の存在については説明できないのではないか、と思われるからです。特に難しい点は、神の普遍的な摂理と人間の自由な協力の調和を、どのように説明するか、という問題です。それゆえにわたしたちは、この問題にも取り組まなければなりません。とは言っても、この問題に、わたしが皆さんに満足していただけるような答えを与えることはできません。幸いに『カテキズム』は、わたしに代わって、この問いかけについて、「この避けがたい、緊急の、神秘で、悲痛な問題には、どのような即答も満足がいかないでしょう」（３０９番）、と答えています。この問題に答えうるのは、キリスト教全体だからです。いずれにせよわたしたちは、この難問から逃げるのではなく、その解決に一歩でも近づけるように試みなければなりません。

2　神の摂理と悪の問題

まずは、そもそも「悪とは何か」について考察しなければなりません。「悪」とは大方の皆さんが想像なさるような、ある種の「積極的存在」ではなく、むしろ「善の欠如」と言われます。とは言っても、このような答えでは、皆さんをますます理解困難に陥らせることになるかもしれませんから、もう少し説明を補足しなければならないでしょう。わたしたちが一般的に「悪いもの」と言うときに、その「悪いもの」がどのような特徴のものであるかについての考察から始めましょう。

わたしたちはしばしば、「この薬は善い」、あるいは「悪い」とか、「この車は善い」、あるいは「悪い」、とかいったような表現をします。しかしこの二つの表現には、大変な相異があります。前者の薬の「善し」「悪し」は、その薬の他のものへの、つまりこの場合は、期待されていた「健康」への結果の「善し」「悪し」が、換言すれば薬の派生的結果の「善し」「悪し」が問題になっています。しかし後者の「車」の「善し」「悪し」の場合は、「車」それ自体の「善し」「悪し」が問題になっています。ところで、わたしたちはここで、派生的悪についての考察を、一応さしおいて、「車」の「善し」「悪し」の判断基準を中心に考察すれば、それで十分でしょう。

ところで、わたしたちがこの「車」の「善し」「悪し」を判断するときの基準は何でしょうか。それは、わたしたちがこの車に期待している「走る」という要求によく応えてくれているか否かではないでしょうか。すなわちわたしたちが、「この車は悪い」と言うときには、車に要求されている「走る」という行為が欠けている、ということになります。したがって「悪い」ものの条件の一つは、「何かに欠けている」ということになります。その意味で、わたしは先ほど、悪を、「積極的存在」としてではなく、「善の欠如」と言ったのです。しかし「悪」は、ただ単なる「善の欠如」ではありません。たとえば自動車は空を飛びませんし、船も空を飛ぶことはありませんが、だれもこの車を役立たない「ポンコツ車だ」とか、あるいは「ポンコツ船」だ、などと判断する人はいないでしょう。またわたしたち人間は、ライオンのように強くありませんし、チーターのように速くは走れませんし、魚のように水中を上手く泳げません。しかしだからといって、そのようなわたしたちを、誰も「駄目な人間」とは言わないでしょう。だから「悪」の本質は、単なる「善の欠如」ではなく、そのものに本質的に求められている「善の欠如」だ、と言われるのです。たとえば、人間は両足を持っていますから、当然歩けるはずです。しかしこの人の足に何か欠陥があって歩けないとき、「その人の足は悪い」、と言うのです。

以上のように、「悪」が、その本質的要素として要求されている善の欠如であるならば、「悪」が問題になるのは、一定の本質を持ったものだけに限られて言える、ということにもなります。したがって、そのものの本質的破壊によって、その本質が無に帰した場合には、その本質的要求としての善の欠如である「悪」が生じる可能性もなくなります。ですから、わたしたちが「悪い時計」と言えるためには、まずそのものが「時計」でなければならず、「悪い車」と言えるためには、まず「車」でなければなりません。

以上のことから、わたしたちはこの「悪」を、「形而上的悪」、「物理的悪」、そして「倫理的悪」に区分して考察することができるでしょう。

「形而上的悪」についてはすでに述べましたので、ここで再び繰り返す必要はないでしょうから割愛します。ただ、ライプニッツのいわゆる「形而上的悪」は、そのものが「神」ではなく、「被造物」であるという事実、換言すれば、「形而上的悪」は、本質的に無限であり、完全である「神」以外のすべての存在について言えることで、それはまさに、そのものが「被造物」であること、それゆえに「有限的」であり、「不完全」であるということになります。「被造物」であるかぎり当然、多くの「善」に欠けているからです。しかしこの「形而上的悪」が、以下の「物理的悪」や「倫理的悪」の原因でもありますから、あえて重複を避けず、ここで少し繰り返しておいたのです。

A　物理的悪と摂理

わたしたちが住んでいるこの世界には、いろいろな物理的悪が後を絶ちません。地震、火山の大噴火、台風、地滑りや、山崩れ、大洪水、貧困や、多くの人々を死に至らしめる伝染病などの禍は、常に人類の歴史の中で繰り返されてきました。また自然界を一瞥するだけでも明らかなことですが、そこには、より強い、そしてより巨大な生き物が、小さな、弱い生き物を食べて成長するという、残酷な弱肉強食の原理を繰り返している動・植物の世界もあります。

人間だけが例外であろうはずはありません。人々は動物や魚を大きく養い、育て、それが成長すると、これを食するという不思議な世界に生きています。先日も、向かいのビルの池から、皇居まわりの堀に移動する鴨一家の様子を、人々は車を止め、あるいは車から降りて、「可愛い！」と連発しながら、優しく見送り、最後の小鴨が池に飛び降りたときには、どこからともなく、期せずして大拍手がおこり、その後、感動した人びとは静かに車を走らせていました。わたしは毎年このような様子をテレビで見ながら、あの可愛い小鴨が、大きくなって空を飛ぶようになれば、人間は情け容赦なく、銃でこれを撃ち落とし、皆で鍋を囲んで酒盛りするようになることを不思議に思います。

ここでわたしたちは、新たに問わざるをえません。なぜ完全で、しかも全能なる神が、このような悪の存在を認めておられるのかと。答えはすでに申しましたが、神はこれらの悪からも善を導き出すことがおできになるからです。『カテキズム』の言葉を繰り返すならば、「神は無限の英知と善とをもって、世界を究極の目的に『向かう途上』のものとして創造されることを自由にお望みに」（３１０番）なったからです。ですからわたしたちは、以下、この神の摂理と物理的悪との関係について考えるわけですが、ここでは常に、この悪を通して、神が意図し、わたしたちに期待しておられる善が何であるかについても、同時に考慮しなければ、この問題についての良い答えは得られないでしょう。

まずは、一見して弱肉強食の法則を徹底的に繰り返しているように見える自然界の現象から見ましょう。

『カテキズム』は、「神の計画によって、この生成には、ある存在が出現すれば他のものが消滅し、より完全なものがあればより不完全なものも存在し、自然的な形成もあれば、破壊もあることになっています」（310番）、と言明しています。もう少し具体的に言うならば、水害や山崩れの悲劇から、堤防の設備が完成され、蔓延する伝染病は、医学の進歩を促し、台風や大雨の脅威は、鉄筋コンクリートの丈夫な建築を可能にしましたし、最近は地震や津波の予告さえも、まだまだ不完全ですが、ある程度はその予知を可能にし、完成に一歩も二歩も近づくことができるようになりました。食料不足の現実は、より効果的で、能率的な耕作方法と、そのために欠かせない肥料や、便利で効率的な農機具の開発をもたらしました。水不足や洪水の禍は、わたしたちに巨大なダムの建築を実現させました。

「形而上的悪」の原理からも明らかなように、同じことは、動・植物の世界についても言えます。まず植物の世界から見ましょう。たとえば生物はすべてある目的に方向づけられた生き方をしています。しかしこの場合、この目的性を、あまりにも単純に考えすぎてはなりません。生物の目的はただ一つではなく、複数の目的に向けられているからです。丹念に準備された畑に麦の種を蒔く農夫たちは、もちろんすべての種が芽を出し、豊かな実を結ぶことを期待しています。しかし現実的には、かれらのこのような期待が完全に実現されることは不可能です。蒔かれた種の中には、鳥のえさになったり、腐って肥料の一部になったりして、農夫は意図していなかったが、しかし種に与えられた他の目的に方向づけられ、それなりの結果をもたらしています。麦の種は、自然的に考えて、ただ同じ種の保存のためばかりではなく、それが種子であるかぎり、種々の条件次第では、他の要望にも応えて、その自然的な役割を果たすこともできます。

動物の世界でも同じです。たとえ一頭の動物や、一匹の魚が、他の動物や人間に食べられていれば、それはたしかにわたしたちには一種の物理的悪とうつります。しかしこれがより高い段階の善に寄与していることを考えますと、この悪は、全体的な善のためには必要であり、したがって、その客観的価値判断は、万物の秩序と調和を望まれる神の計画にほかなりません。

宇宙の秩序と調和とは、常に個体の種への、下級種の上級種への、そして部分の全体への従属、あるいは犠牲が前提となって成立しています。そのために、米の収穫を期待する農夫は、多くの雑草の成長の可能性を奪い、多数の虫を殺し、稲穂に群がる小鳥を追い払います。

まったく同じ原理から、動物は、青々としている草を食べて大きく成長し、こうして太った動物を人間は売って金に替えて収入源とし、あるいは人々が生きるために必要な食糧とします。

わたしたち人間が体験する不治の病や、種々の障害、あるいは突然わたしたちを襲う災害などは、動・植物の物理的悪とはたしかに同じではありませんが、しかしそれらがわたしたちの自由意志には関係なくわたしたちを襲っている、という意味では、むしろこの物理的悪としても考えられます。不治の病や障害に苦しみ、突然の災害に打ちのめされている人々にとって、このような物理的悪に由来する苦悩は、わたしたちの想像を絶するものでしょうし、それだけにわたしたちは、旧約のヨブと同じく、神に向かってしばしば、「なぜわたしがこんなに苦しまなければならないのですか」、と問い続けることでしょう。しかしそれはまさに、愛に満ちた神の偉大な神秘であり、わたしたちには理解できないことでしょう。「これは何者か。知識もないのに、言葉を重ねて、神の経綸を暗くするとは」(ヨブ38：2)、と問う神の言葉に、ヨブはただ、「わたしは軽々しくものを申しました」(同右40：4)、と言わざるをえませんでした。そして最後にはわたしたちも、ヨブと同じように、「あなたのことを、耳にしてはおりました。しかし今、この目であなたを仰ぎ見ます。それゆえ、わたしは塵と灰の上に伏し、自分を退け、悔い改めます」(同右42：5―6)、と言いながら、すべてを心から受け入れることしかできないでしょう。しかしたしかなことは、神はわたしたちに「悪」のための「悪」を望まれない、ということです。

イエスは、この世の苦しみを、決して呪いや、不幸のしるしとしては教えられませんでした。かえってイエスは、「悲しむ」人々を「幸い」な人と呼び（マタイ５：４参照）、多くの病者たちを癒やし、彼らを祝福なさいました。これらの事実は、新約聖書の随所に読まれます。それどころか、イエスは、弟子たちから、生まれつき目が見えない人について、「ラビ、この人が生まれつき目が見えないのは、だれが罪を犯したからですか。本人ですか。それとも両親ですか」、と尋ねられたときにも、「本人が罪を犯したからでも、両親が罪を犯したからでもない。神の業がこの人に現れるためである」（ヨハネ９：１―３参照）、とお答えになっています。イエスのこのような答えは、この不幸に思える盲人も、神の栄光を現すために大いに寄与できることを教えるものでした。

イエスの弟子たちは、このような不幸を、神からの「試練」とも呼んでいます。たとえば「あなたがたを襲った試練で、人間として耐えられないようなものはなかったはずです。神は真実な方です。あなたがたを耐えられないような試練に遭わせることはなさらず、それに耐えられるよう、逃れる道をも備えていてくださいます」（Ｉコリント10：13）、と教えるパウロの言葉を、わたしたちは忘れてはなりません。パウロはさらに、イエスご自身「試練を受けて苦しまれたからこそ、試練を受ける人々を助けることがおできになるのです」（ヘブライ２：18参照）と公言して、主イエスへの信頼を説いています。

ペトロはさらに、「あなたがたは、終わりのときに現されるように準備されている救いを受けるために、神の力により、信仰によって守られています。それゆえ、あなたがたは、心から喜んでいるのです。今しばらくの間、いろいろな試練に悩まねばならないかもしれませんが、あなたがたの信仰は、その試練によって、本物と証明され、火で精錬されながら、朽ちるほかない金よりもはるかに貴くて、イエス・キリストが現れるときには、称賛と光栄と誉れとをもたらすのです。あなたがたは、キリストを見たことがないのに愛し、今見なくとも信じており、言葉では言い尽くせないすばらしい喜びに満ちあふれています。それは、あなたがたが信仰の実りとして魂の救いを受けているからです」（Ⅰペトロ１：５―９）と教えています。同じくペトロは次のようにも勧告しています。

「愛する人たち、あなたがたを試みるために身にふりかかる火のような試練を、何か思いがけないことが生じたかのように、驚き怪しんではなりません。むしろ、キリストの苦しみにあずかればあずかるほど喜びなさい。それは、キリストの栄光が現れるときにも、喜びに満ちあふれるためです。あなたがたはキリストの名のために批難されるなら、幸いである。栄光の霊、すなわち神の霊が、あなたがたの上にとどまってくださるからです。あなたがたのうちだれも、人殺し、泥棒、悪者、あるいは、他人に干渉する者として、苦しみを受けることがないようにしなさい。しかし、キリスト者として苦しみを受けるのなら、決して恥じてはなりません。むしろ、キリスト者の名で呼ばれることで、神をあがめなさい。今こそ、神の家から裁きが始まるときです。わたしたちがまず裁きを受けるのだとすれば、神の福音に従わない者たちの行く末は、いったい、どんなものになるだろうか」（Ⅰペトロ４：12―17）。

だからこそ使徒ヤコブは、「試練に耐え忍ぶ人は幸いです。その人は適格者と認められ、神を愛する人々に約束された命の冠をいただくからです」（ヤコブ１：12）、とも書き残しているのではないでしょうか。このように考えると、わたしたちを襲うさまざまな試練は、決して不幸や呪いのしるしではなく、神の栄光と、わたしたちの永遠の幸福への階段であり、神の永遠の摂理による恵みであることさえも、わたしたちは理解し、受諾することができます。このようにわたしたちは、わたしたちに与えられるすべての物理的悪を、神の摂理として受け入れ、受諾することができます。

B　倫理的悪と摂理

神の「摂理」と「倫理的悪」との関係は、もっと複雑で、難解です。倫理的悪、すなわち罪も、「正しい道を踏み外している」という意味では、たしかに本質的善の欠如だと言えます。しかし、わたしたちがこの問題と取り組むためには、人間の「自由」について少し明らかにしておかなければなりません。人間の罪の源は、「人間が自由である」、というこの一言に依存しているからです。換言すれば、神は、なぜ人間に理性と自由意志を与えたのか、という問題にもつながります。それは神が、人間に理性と自由意志を与えることによって、人間が、より自主的に神の招きに応えることを望まれたからです。しかし神が、人間に理性と自由意志を与えられたという事実は、人間がこの特権を悪用して、罪を犯す可能性をも容認していたことをも意味します。もちろん神は、人間が罪を犯すことを望まれるはずはありません。しかし人間への愛と尊厳、そして信頼のゆえに、神は人間に、ご自分のご計画の実現に、より積極的、より意識的に参加できるように、理性と自由意志を与えられました。しかし残念ながら、人間はこの理性と自由意志を悪用したり、あるいは正しく行使することを怠って罪を犯します。だから『カテキズム』は、「理性的で自由意志を備えている被造物である天使と人間は、自由に選択し、愛を優先させることによって、究極の目的に向かって進まなければなりません」が、残念ながらわたしたち人間は、「ここで、正道を踏み外すこともありえます」（３１１番）、と教えています。しかし事実は、「正道を踏み外すこともあり」えるどころか、人類の歴史は、この正道を踏み外し、神を裏切り続けた歴史だった、と言っても、決して過言ではありません。たとえば旧約聖書に読まれるイスラエルの民の歴史一つを考えても、それはそのまま、神への人間の反逆と、神の赦し、そして両者間で交わされる「契約」の繰り返しだった、とさえ言えます。事実人間は、神から与えられた特権である自由意志をもって、神の計画を拒絶したり、神に反旗をひるがえしたり、あるいは神の意に背を向けることもできるからです。

イエスが話されたたとえ話に、王がその王子のために催す盛大な「婚宴」のたとえがありますが（マタイ22：1―14参照）、このたとえ話は、今わたしたちが取り組んでいる神のご計画と、人間の自由についての問題に示唆的な答えを与えています。「王は家来たちを送り、婚宴に招いておいた人々を呼ばせました」が、かれらは来ようとしませんでした。そこで王は、別の家来を遣わして、招いておいた人々に、「食事の用意が整いました。牛や肥えた家畜を屠って、すっかり用意ができています。さあ、婚宴においでください」、と言わせました。しかし招かれた人々は、王の使いたちを無視して、畑に行くから、商売に出かけるからなどと、自分の口実を並べて、王からのせっかくの招きを断ります。それどころか、かれらの中には、「王の家来たちを捕まえて乱暴し、殺して」しまう人々さえも出る始末でした。こうしてかれらは、王の招待を断ったのです。

神の招きに対してさえも、人間は、それを受諾するか否かについての、最終的決断に関しては自由です。これは自由意志を備えている人間の特権であると同時に、完全に人間の責任でもあります。だからこそ、「王は怒り、軍隊を送って、この人殺しどもを滅ぼし、その町を焼き払った」のです。

しかしこの婚宴のたとえには、まだ続きがあります。王子の盛大な婚宴を望む王はまだ諦めません。かれは家来たちを送り、「町の大通りに出て、見かけた者はだれでも婚宴に連れてきなさい」、と命じます。家来たちが命じられたとおりにして婚宴式場をいっぱいにしたことを報告すると、王は、客を見ようとして式場に来て見ると、婚礼の礼服を着ないまま来ている一人の客に気づきました。王はこの人に、「友よ、どうして礼服を着ないでここに入ってきたのか」と尋ねますが、かれは何も答えないので、王は怒って、「この男の手足を縛って暗闇にほうり」出すように、と側近者たちに命じています。ここにも王の招きを受けるかぎり、ふさわしい礼服を身に着けなければならない義務が示唆されています。

このたとえを、摂理と人間の自由の問題に置き換えると、神の摂理に、人間は自由に応じ、ふさわしく準備しなければならないことが明らかになります。神は、摂理によって、人間の自由を奪ったり、破壊したり、あるいはそれが機能しなくなるようなことはなさいません。神は、人間に与えられた自由を、人間がよく利用することを望んでおられます。しかしそれでも人間は、神の摂理を自己の自由意志をもって拒否したり、否定したり、あるいは軽んじたりすることもできます。それが倫理的悪、すなわち罪です。しかしこのような倫理的悪、あるいは罪からも、神は人間を解放し、救い出されることを望んでいます。「神は忍耐強い愛から、契約により、あがないをもたらす御子の受肉により、聖霊を与えることにより、人々を教会に集めることにより、秘跡の力により、至福のいのちへの招きにより、人々を教会に迎えに来てくれ」（『カテキズム』、３０９番）、人間が、与えられた自由意志によって、神の摂理、ないし計画に同意し、協力することを望んでおられます。このことが、先ほどの王子の婚宴のたとえの意味でもあります。

ところで、ここでわたしたちが忘れてならないことは、物理的悪の場合と同じく、この倫理的悪からも、神は善を導き出すことを望んでおられる、ということです。もちろんわたしたちには、神が、倫理的悪からいかなる善を引き出されるかについては、具体的には知ることはできません。それは神の神秘的みわざであり、わたしたちにとっては、偉大なる神の神秘的ヴェールに包まれているからです。しかし、それでもわたしたちは、結果的には、そこに神の摂理の神秘的な事実をみることができます。わたしたちはその一例を、旧約聖書に読まれる、ユダヤ史上最大の王の一人だったダヴィデの生涯に読み取ることができます。ダヴィデは、貧しい羊飼いから身を起こし、偉大な王として君臨し、その名をイスラエルの歴史に残します。しかしこの偉大な王ダヴィデも、かれが一生涯嘆き、悔やみ続けた罪を犯しています。すなわちかれは、他人の妻の水浴を見て情欲にかられ、彼女を自分の妻とするために、部下に命じて、彼女の夫を戦場で殺させます。かれはむしろ、この罪のゆえに、徹底的に自分の弱さと惨めさを体験し、深く悔い改めて、霊的にも、また王としてもさらに大きく成長し、その名をイスラエル史上ばかりではなく、救いの歴史に残すことができた、とも言えます。罪を悔い改めた後のダヴィデの祈りはあまりにも有名です。かれは次のように祈っています。

「神よ、わたしを憐れんでください　御慈しみをもって。
深い御憐れみをもって　背きの罪をぬぐってください。
わたしの咎をことごとく洗い　罪から清めてください。
あなたに背いたことをわたしは知っています。
わたしの罪は常にわたしの前に置かれています。

あなたに、あなたのみにわたしは罪を犯し、御目に悪事と見られることをしました。
あなたの言われることは正しく　あなたの裁きに誤りはありません。……」
（詩編51：3―71参照）。

旧約の物語に出てくるヨセフは、妬みに燃えていた兄弟たちによって商人たちに売られ、エジプトの地に連れて行かれますが、ファラオにたいへん気に入られ、優遇され、ついに高い地位につかされます。やがてこの地方一帯に飢饉が続きますが、エジプトだけは、ヨセフの賢明な判断と計画のおかげで、飢餓から免れ、しかも多くの穀物を保存していました。そこで当然、隣国の人々は、エジプトに食料品を調達するためにやって来ます。その人びとの中に、かつてかれをエジプトの商人たちに売り払った兄弟たちが、同じく食糧を買い求めるためにやって来ます。ヨセフはいろいろな方法で兄弟たちを試みますが、最後には、兄弟たちに自分の身を明かします。兄弟たちは驚きのあまり声も出ず、ただ恐れ慄くばかりでした。そこでヨセフは、「わたしはあなたたちがエジプトへ売った弟のヨセフです。しかし、今は、わたしをここへ売ったことを悔やんだり、責め合ったりする必要はありません。命を救うために、神がわたしをあなたたちより先にお遣わしになったのです。この二年の間、世界中に飢饉が襲っていますが、またこれから五年間は、耕すことも、収穫もないでしょう。神がわたしを、あなたたちより先にお遣わしになったのは、この国にあなたたちの残りの者を与え、あなたたちを生き永らえさせて、大いなる救いに至らせるためです。わたしをここにお遣わしになったのは、あなたたちではなく、神です。神がわたしをファラオの顧問、宮廷全体の主、エジプト全国を治める者としてくださったのです。……」（以上は、創37章─45章参照）。

ヨセフの兄弟たちは、父が一番可愛がっていた弟を売るという、とんでもない罪を犯しました。逆の表現をすれば、ヨセフは、兄弟たちに売りとばされ、異国の地エジプトで、さんざんな苦労をするわけですが、しかし結果的には、自分を売った兄弟ばかりではなく、父はいうまでもなく、その一族を救うことになります。ヨセフはこの一連の出来事を、神が悪から善を引き出された摂理的働きの一例とみなしているのです。

神の同じ摂理的働きを、わたしたちは、自他共に、「異邦人の使徒」と認めるパウロの偉大な生涯にも見ることができます。当時サウロと呼ばれていたかれパウロは、万人が認める、まさに教会の熱心な迫害者でした。パウロ自身、自分の過去について、「わたしは、徹底的に神の教会を迫害し、滅ぼそうとしていました」（ガラテヤ1：13）、と公言していますし、かれがキリストと出会うのも、「弟子たちを脅迫し、殺そうと意気込んで、大祭司のところに行き、ダマスコの諸会堂あての手紙」をもって、キリスト者であれば、「男女を問わず縛り上げ、エルサレムに連行するため」に、そこに向かう途中の「ダマスコ」の近くでの出来事でした。

またキリストの弟子アナニアも、幻で、サウロの上に手を置くように知らされたときも、かれは主に、「主よ、わたしは、その人がエルサレムで、あなたの聖なる者たちに対してどんな悪事を働いたか、あなたの聖なる人から聞きました。ここでも、御名を呼び求める人をすべて捕らえるため、祭司長たちから権限を受けています」（使徒9：1―14参照）、と答えています。サウロのこのような迫害は、もちろんかれの悪意によるものではなく、むしろかれが、自分が信じていたユダヤ教に対して、あまりにも熱心だったからでした。それはかれ自身、徹底的なキリスト者の迫害者であったことについて、「先祖からの伝承を守るのに人一倍熱心で、同胞の間では同じ年ごろの多くの者よりもユダヤ教に徹しようとしていました」（ガラテヤ1：14）と公言していることからも明白です。しかし、これほど熱心なユダヤ教徒だったサウロは、キリストを知ることによって完全に変わります。かれはキリストを宣べ伝えるために、あらゆる艱難を喜んで甘受し（Ⅱコリント11：23―29参照）、もはや、いかなる災難も苦しみも、迫害も飢えも、裸も、危険も、そして剣も、キリストの愛から自分を切り離すことはできない（ローマ11：35参照）、と公言してはばかりません。そればかりか、かれは「わたしが福音を告げ知らせても、それはわたしの誇りにはなりません。そうせずにはいられないからです。福音を告げ知らせないなら、わたしは不幸なのです」（Ⅰコリント9：16）と言い、ついにかれは、「このわたしには、わたしたちの主イエス・キリストの十字架のほかに、誇るものが決してあってはなりません。この十字架によって、世はわたしに対し、わたしは世に対してはりつけにされているのです」と言い、ついには、かれの過去を顧みながら、「割礼の有無は問題ではなく、大切なのは、新しく創造されることとです」（ガラテヤ6：14―15参照）、と結論しています。

このように、キリスト者への徹底的な大迫害者から、全く逆の、キリストの忠実な弟子、福音宣教者として生きたパウロは、「わたしは、キリストと共に十字架につけられています。生きているのは、もはやわたしではありません。キリストがわたしの内に生きておられるのです」（ガラテヤ2：19―20）と公言できました。それゆえにこそかれは、生涯の終わりに、「わたし自身は、すでにいけにえとして献げられています。世を去るときが近づきました。わたしは戦いを立派に戦い抜き、決められた道を走りとおし、信仰を守り抜きました。今や、義の栄冠を受けるばかりです。正しい審判者である主が、かの日にそれをわたしに授けてくださるのです。しかしわたしだけではなく、主が来られるのをひたすら待ち望む人には、だれにでも授けてくださいます」(Ⅱテモテ4：6―8)、と宣言できたのです。サウロは、イエスがかつてアナニアに仰せられたとおり、「異邦人や王たち、またイスラエルの子らにわたしの名を伝えるために」、イエスご自身が「選んだ器」だったのです。ですからイエス・キリストご自身、「わたしの名のためにどんなに苦しまなければならないかを、わたしは彼に示そう」(使徒9：15―16参照)とも仰せられたとおり、かれは一生涯、苦しい十字架を生きなければならなかったのです。

C　神の摂理と悪についてのまとめ

以上の考察からわたしたちは、神は悪の原因であるとか、あるいは悪の創造主であるという表現は理論的に成立しないことが分かります。すなわちすべての悪は、ライプニッツが「形而上的悪」と呼ぶところの被造性、あるいは有限性にこそ、その根源があり、神でさえも、矛盾を犯すことなしには、完全で、悪への可能性が全くないような被造物を創造することはできなかったのです。

このように結論すると、人々は、完全で、絶対的存在、しかも善なる神がなぜ、すでに述べたような、種々様々な物理的悪を、ましてや倫理的悪を容認されるのかという、新しく提起された難問に、わたしたちは、神はあらゆる悪を、たとえ倫理的悪でさえも、より高い次元の善に導くことができるから、と答えざるをえません。その意味で神の摂理は、わたしたちに、神への絶対的信頼を求めています。
かつて、旧約のヨブは、わが身に襲いかかった数々の不幸や試練に遭って、しばしば神に不平をもらし、その不合理性を訴え続けました。しかしかれは最後に、かれの不平と不満が、実は自分の神についての無知に由来することを悟り、次のように告白しています。

「あなたは全能であり、
御旨の成就を妨げることはできないと悟りました。
『これは何者か、知識もないのに　神の経綸を隠そうとするとは』
そのとおりです。
わたしに理解できず、わたしの知識を超えた、
驚くべき御業をあげつらっておりました。
『聞け、わたしが話す。
お前に尋ねる、わたしに答えてみよ』
あなたのことを、耳にしておりました。
しかし今、この目であなたを仰ぎ見ます。
それゆえ、わたしは塵と灰の上に伏し、

自分を退け、悔い改めます」（ヨブ42：3―6）。

以上のようなわたしたちの考察を、『カテキズム』は次のように要約しています。

「わたしたちは、神が世界と歴史の主宰者であることを固く信じています。しかし、多くの場合、摂理によって敷かれた道を知りません。ただ、道の終わりに至り、完全な知識を得て、『顔と顔を合わせて』（Ｉコリント13：12）神を見るとき、初めて摂理の道を十分に知ることができます。神はその道を通して、被造物に、悪と罪の悲劇を踏み越えさせながら、天地を造られた目的である最終の安息の日の休息へと導いておられるのです」（３１４番）。

Ⅲ　永井隆博士の摂理論

わたしたちは、永井博士への批判の根源が、かれが原爆投下を「神の摂理」と公言したことにあるという点について、すでに明確にしました。わたしたちはここで、では、原爆投下を「神の摂理」と断言する永井の真意は、あるいはその意図は何であったかについて、考察を続けなければなりません。

1　神の摂理への絶対的信頼

わたしたちは、永井の、全被造物に対する神の摂理への信仰は絶対的であった、と考えることができます。このことは、わたしが今回の講演の冒頭でご紹介しました『この子を残して』や、『長崎の鐘』の抜粋からの引用でも明白です。ところが永井は、同じ『この子を残して』に記載されている、「空の鳥」という項目の中で、キリストの教えを示唆しつつ（マタイ10：26―31、ルカ12：4―7参照）、残される二人の兄妹に、神の摂理への信頼をやさしく教え、諭し、次のように書き残していますので、以下、原文のままご紹介しましょう。


「イエズス・キリストの言葉を聞こう。

『五羽のすずめは四銭にして売るに非ずや、しかるにその一羽も、神のみ前に、忘れられることなし。なんじらの髪の毛すら皆算えられたり、ゆえに恐るることなかれ、なんじらは多くのすずめにまされり』

この言葉を聞いて安心しない者があろうか？　神にお任せしておきさえすれ

ば、誠一もカヤノも絶対に大丈夫である。一羽一銭の値打ちもないすずめ、なんの役にも立たぬちっぽけなすずめ、――屋根からこぼれる木の葉のように庭におりると、きょろきょろと右を見、左をうかがい、ガラス戸越しに私に見られているとも知らず、人間もとんびもおらぬと安心をし、ひとつ大あくびをしてから、ぴょんぴょんとむしろの方へ行き、干芋をつつき、三ツつついては首をあげて空を警戒し、また二口ばかりつつき、雲の影がすうっと通りかかったのにおびえてパッと飛び立ち、口にくわえた干芋をあたら落とし、仲間と羽をそろえてあわただしく畑の上をひとまわりして帰ってくると、物干しざおに三羽並んでとまり、チュンチュン鳴き交わし、三羽すり寄り、大きいほうが負けて横へ横へとおされるうち、一羽はチュンと叫んで逃げ、残る二羽が仲よくあくびをし、片脚をのばして羽をつくろい、やがて目をつむってしゃがみこむと、ふっくら膨れてうたたねする。――この一羽のすずめの、足の動きひとつ、羽の動きひとつ見逃さず、神はじいっと愛の目をそそいで守っていらっしゃるのだ。お忘れになることはないのだ。なぜなら、その一羽を神はみずから愛によって創造なさったからである。つまり真の大親だからである。すずめさえ、このとおり、ましてすずめにまさる人の子の誠一とカヤノを、なんでお忘れになることがあろうか？　片時といえども神の愛の目が外れることがあろうか？　この子の髪の毛の数さえ神は知っている。それもそのはず、神がその髪の毛の一本一本、愛をこめて創造なさったのだから……誠一みずからでさえ、己が頭に幾千幾百本の髪の毛が生えているのか知らない。それは誠一が髪の毛を創ったのではないから……父の私もその数を知らぬ。私は創造主ではなかったから……スェーターの編み目の数を覚えている人は、愛をこめてそのスェーターを編んだ女性だけである。着ている子は知らず、もらった父も知らない……——このスェーターに対して、いちばん深い愛情を感じている人はだれだろうか？　作ってくださいと頼んだ者か？　着ている者か？　それとも作った者か？——作った人である。

誠一をいちばん愛しているのはだれだろうか？　誠一自身であろうか？　父の私であろうか？　それとも創造主たる神であろうか？

誠一みずから己の頭の髪の毛の数を知らず。私に至っては髪どころか、虫歯の数さえ調べておらぬ。誠一を愛していると口にも言い心にも思っている私が、その実このような不完全な愛しかもっていない。地上においてこの子をいちばん愛している私でさえ、このくらいのところ——それに比べて、髪の毛一本一本にまで忘れ得ぬ愛情をつないでいる神のその愛のこまやかさ、深さ、大きさ！　まことにわが亡きあと、安心してお任せできるのは神——天にましますわれらの父である。そして神は、改めて私どもからお任せしたりお願いしたりするまでもなく、初めからこの子を抱いているからである。……

……

天にましますひとは超自然のもの、宗教上のもの、目に見えぬもの、その声の聞こえぬもの。霊魂上の慰めにこそなれ、現実の生活、さしずめ今日食う物、今日着る物など物質的な必需品を生産し、配給してくれることもできるのかしら？この問いに対してイエズスははっきりと言った。『空の鳥を見よ。彼らはまくことなく、刈ることなく、倉におさむることなきに、なんじらの天父はこれを養いたもう。なんじらはこれよりもはるかに優れるにあらずや。なんじらのうちだれか思いわずらいて、……されどわれなんじらに告ぐ、サロモンでも、その栄華の極みにおいて、この百合の一つほどに装わざりき。今日在りて明日炉に投げ入れられる野の草をさえ、神はかく装わせたまえば、いわんやなんじらおや。信仰薄き者よ、さればなんじらは、われら何を食べ何を飲み何を着んかと言いて思いわずらうことなかれ。これ皆異邦人の求むるところにして、なんじらの天父は、これらの物皆なんじらに要あることを知りたまえばなり。ゆえにまず神の国とその義とを求めよ、しからばこれらの物皆なんじに加えられるべし。されど明日のために思いわずらうことなかれ。明日は明日みずから己のために思いわずらわん。その日はその日の労苦にて足れり』」（『全集』、第一巻、45―48頁参照）

2　永井の言う、「原爆投下は神の摂理」とは、どういう意味か

以上、永井が「摂理」について述べていることからも明白なように、かれが神の普遍的摂理を信じて疑わなかったことはたしかであり、原爆を「神の摂理」と公言したことも間違いありません。その点についてわたしは、永井の批判者たちと全く同じ意見です。しかしわたしたちはここで、永井はいかなる状況で、誰に向かって、そしてどのような意図で、このように発言したのかを明確にした上で、かれの発言の真意を探索しなければならないのではないでしょうか。

永井が熱心なカトリック信徒であったことは全く疑問の余地はありませんし、カトリック者として、このような発言をしたこともまた真実です。したがって永井は、このような神の普遍的摂理論から、「原爆は神の摂理である」という結論に至ったと考えられますし、まさにこの点にこそ、かれへの批判の矛先が向けられているのです。そこでわたしたちはこの間の論理的空間を埋める努力もしなければなりませんし、そうすることが、永井を弁護するための鍵になるのではないか、とわたしは考えています。

まず永井は、医学者、あるいは科学者でこそあれ、カトリック哲学者でもなければ、神学者でもありませんでした。したがって、かれが摂理についてこのような発言

をしたのは、哲学者、あるいは神学者として、摂理についての長い研究の末に行った学術発表ではないことも明白でしょう。かれは、狭い家のベッドに仰向けに寝たままの姿で、それこそ神の摂理についての一冊の学術的な研究書を読むこともなく、ただ経験的に思索し、かれ自身が忠実に生きていたキリスト者としての素朴な信仰に基づいて、このように書き綴ったのです。しかしわたしはここで、このような「神の摂理」への永井の深い信仰を前提にした上で、かれ独特の「摂理論」をより深く理解するために、若干の特徴的な点を、少しまとめておきたいと思います。

A　永井の摂理論の社会的背景

かれの摂理論を正しく理解するためには、高橋が、かれの著書、『長崎にあって哲学する』（Ⅰ巻）で述べている、その「社会的背景」について論述していることが、逆に、永井弁護の要素にもなる、とわたしは考えています。このことは、永井博士自身も、『乙女峠』（『全集』、第三巻、731―769頁参照）で詳しく記していますが、浦上の信徒たちは、二百五十年間にも及ぶ過酷極まりない迫害に耐え抜きました。幕府が、諸外国の圧迫によって鎖国を解いたのが、一八五六年、大浦に、当時「フランス寺」と呼ばれていた天主堂が建設され、人びとの話題となり、毎日多くの見物者たちが集まりますが、かれらの中に、隠れたまま信仰を守っていた、いわゆる

「浦上のカクレキリシタン」たちがいて、プチジャン神父に、自分たちが同じ信仰を守っているカトリック信徒であることを告白します。これが世界的に語り継がれている、歴史的にも有名な、「信徒発見」の出来事でした。しかしこのような喜びも束の間、当時の役人たちは、浦上の信徒のおもだった者たちを召し捕り、それぞれの家を襲って、男女をとらえて方々に流しました。これがいわゆる、「浦上四番崩れ」といわれる大迫害の発端です。その後、キリシタンの取り扱いはいっそう厳しくなりますが、外交上の問題となって、ようやく解決を見るのが、一八七三年（明治六年）のことでした。

『乙女峠』の表紙（新書版 82頁）

しかしその後も、当時はまだ、現在のように宗教間の対話など期待すべくもなかった時代でしたし、貧しい生活を強いられていた浦上のキリシタンと、諏訪神社を中心に栄えていた非キリシタンとの間には、いろいろな摩擦が絶えなかったようです。その主な原因は、キリシタンが諏訪神社にお参りしないことを厳しく批難する側と、断じてこれを拒み続けるキリシタンとの騒動で、それは今日のわたしたちには想像もできないほどに激しかったのです。このような状況の中で、浦上の信徒たちが、当時「東洋一」といわれた大天主堂を建築して、いよいよ公的に信仰を生きようと張り切っていた矢先、この大天主堂は、一発の原子爆弾によって、一瞬にして完全に崩壊し、瓦礫の山となり、灰塵と化したのです。そのときの信徒たちの心痛はいかばかりだったでしょうか。彼らの被爆は、諏訪神社にお参りしなかったための「天罰」だと噂され、批難を受け、罵られたでしょうし、他方、浦上の信徒たちさえも、「なぜわれわれが……」と、苦悩の中で自問自答していたことでしょう。それればかりか、浦上の信徒の中には、巷の噂どおり、「これは天罰」だと考え、迷った人々がいても、それは決して不思議ではなかったでしょう。原子爆弾被爆のような、まさに極度に異常な状態下で、「天罰」という一言が、どれほど人々の心を傷つけ、迷わせたかを、わたしたちは容易に想像することができます。

そこで永井は、原爆は「天罰」ではなく、神の「摂理」だから、そこに何か深い意味があることを訴えたかったのです。

今年（二〇〇八年）五月、中国・四川大地震が起こり、今も収拾がつかず、大騒動になっていますが、六月一日の『読売新聞』には、アメリカの「女優シャロンさん永久追放」という見出しで、小さな記事が記載されていました。問題は、四川大地震について、中国のネット上で、地震発生に関する「中国敵視発言」への反撥が拡大、過剰反応を起こしているようでしたが、中国の主要紙やポータルサイトなど三十一のメディアは、三十日、「大地震はチベット騒乱の『報い』」などと発言したアメリカ女優シャロン・ストーンさんのニュースを永久に扱わない」、とする声明を発表した、というものです。もちろん、本人はすぐに謝罪表明したそうですが、ネット世論は収まらず、各地の映画館は、彼女の出演作の一切の映画の上映停止を決定、ストーンさんを広告に使うフランス高級化粧品の不買運動にまで拡大したそうです。

また同じ記事によりますと、「敵視発言」は、大地震に対する支援活動を熱心に続ける韓国にさえも波及したそうです。韓国では、ソウル五輪聖火リレーで起きた中国人留学生の騒動で、嫌中感情が高潮したようですが、そこで韓国のネットでは、「地震発生は天罰」、「復旧に専念し、五輪を中止せよ」、などの揶揄があふれたそうです。これに対して中国ネット世論の多くは、中国の大地震について「韓国は笑った」と報じていたそうです。

B　希望的未来を開くための楽観的摂理論

「摂理」と言えば、多くの方々は、人間の力ではいかんともしがたい、何か「運命的」あるいは「決定論的」な感じをもっておられるようです。しかし摂理が、「神の計らい」であるかぎり、たとえそれがどれほどいばらの道であっても、そこには、信仰に支えられた希望の光に照らされた、明るい未来が見えるはずです。永井の摂理論はまさにそうでした。永井は、かれの著書の一冊『花咲く丘』(『全集』、第一巻収録)の「序にかえて」で、浦上人の考え方の一つが、神の摂理を信じて生きることにあることを前提に、次のように書いています。

「浦上にはいつも、『静かな明るさ』がある。こんなひどい荒野にされたのに、騒々しく騒ぎまわるでもなく、暗い絶望にとざされるでもない。何事か起こると、村人は、『おぼしめしですたい』と言うだけである。おぼしめしとは神の御意によるということ、与えたもうも、奪いたもうも、みなおぼしめしのままに……。そしてすべてを神に感謝し賛美するのである。これは『仕方がない!』とあきらめるのとまったくちがう。いかなる事も神の愛の贈り物であるから、ありがたく受け、我を愛したもう神を賛美し、『さあ、いっちょう気張りましょうデ!』と、お互いに励まし合って、神の示された御意にかなうように新しい努力を始めるのである。それゆえ絶望も無関心も放心もなく、明るい希望とあたらしい勇気とがあるわけである」(141—142頁参照)。

『長崎の鐘』に登場する山田市太郎さんも、あるいは、「原爆投下は天罰」という人々の噂に、絶望に近い心境で、心ならずも迷っていた一人だったのかもしれません。その意味で、『長崎の鐘』に記されている永井と市太郎さんとの対話は示唆に富んでいます。永井はその時の情況について、次のように記述しています。


「悄然として市太郎さんがあらわれる。足首を結んだ復員服の一張羅。復員して来てみたら故郷は廃墟、わが家に駆けつけてみれば灰ばかり、最愛の妻と五人の子供の黒い骨が散らばっていた。

『わしゃ、もう生きる楽しみはなか』

『戦争に負けて誰が楽しみをもっとりましょう』

『そりゃそうばってん。誰に会うてもこういうですたい。原子爆弾は天罰。殺された者は悪人だった。生き残った者は神様からの特別のお恵みをいただいたんだと。それじゃわたしの家内と子供は悪者でしたか！』」


そこで永井は、冷静に、「さあね、わたしはまるで反対の思想をもっています。原子爆弾が浦上に落ちたのは大きなみ摂理である。神の恵みである。浦上は神に感謝をささげねばならぬ」、と市太郎に答えています。永井の答えに市太郎は、「感謝をですか？」、と驚いて叫んでいます。そこで永井は、「これは明後日の浦上天主堂の合同葬に信者代表として読みたいと思って書いたのですが、ひとつ読んでみてくださいませんか」、といって手渡したのが、冒頭でご紹介した永井の弔辞だったのです。永井は、「市太郎さんは原稿を読む、初めは声を出して元気よく読んでいたが、いつしか黙って、考え考え進む。ぽろりと涙を落した」、と市太郎さんの様子についても記しています（『全集』、第二巻、77頁参照）。

市太郎のこのような苦悩と迷いは、一瞬にして命を失い、家族や家を焼失し、路頭に迷い、伝統的な信仰さえも揺らぎかねなかった当時の多くの浦上信徒たちを代弁していたとも言えるでしょう。このような、まさにパニック状態にあって博士は、原爆は「天罰」ではない、むしろ「神の摂理だ」、と説き続けたのです。その意味で永井は、苦悩する浦上信徒の同胞たちの間でさえも噂されているように、原爆は「天罰」ではないのだ、むしろ「神の摂理」として受け入れようではないか、と呼びかけて、人々に、暗い、惨めな未来ではなく、むしろ明るい、希望にあふれた明日を提示したかったのではないでしょうか。永井の弔辞を読んだ後の市太郎と永井の、次の会話が、このことを示唆しています。永井は『長崎の鐘』で、次のように記しています。

「市太郎さんは読み終わって眼をつむった。

『やっぱり家内と子供は地獄へは行かなかったにちがいない』しばらくして呟いた。

『先生、そうすると、わたしら生き残りはなんですか？』

『私もあなたも天国の入学試験の落第生ですな』

『天国の落第生、なるほど』

二人は声をそろえて大きく笑った。胸のつかえが下りたようだ。

『よっぽど勉強せにゃ、天国で家内と会うことはできまっせんばい。確かに戦争で死んだ人たちは正直に自分を犠牲にして働いていたのですからな。わしらも負けずによほど苦しまねばなりまっせんたい』

『そうですとも、そうですとも。世界一の原子野、この悲しい、寂しい、ものすごい、荒れた灰と瓦の中にふみとどまって、骨と共に泣きながら建設を始めようじゃありませんか』

『わしは罪人だから苦しんで賠償させてもらうのが何より楽しみです。祈りながら働きましょう』市太郎さんは明るい顔になって帰った」（『全集』、第二巻、80頁）。

ちなみに、この市太郎さんは、戦後、浦上教会に奉仕しながら、その生涯を閉じられました。

C　戦争は人間の誤れるわざである

　では、原爆を「摂理として受け入れる」ということになれば、戦争責任の問題はどうなるのでしょうか。つまりそれは戦争責任は「神」であるということになり、その結果、摂理論はやはり、「天皇を頂点とする日本国家の戦争責任」と「原爆を投下したアメリカ軍の責任」の免責のための便利な詭弁に過ぎない、という批判も免れないのではないか、という新しい問題が再浮上しないでしょうか。このような考えのゆえに、教皇ヨハネ・パウロ二世が、広島での「平和宣言」で、戦争を「人間の」おろかな「わざ」であると宣言されたことと矛盾するのではないか、と強く訴える人々も多いのです。この問題については、すでに神の摂理と人間の自由意志の関係について論じたときに言及しましたので、ここで再び取り扱う必要はありませんから、詳細な説明は、ここでは割愛させていただきます。

　永井博士はもちろん、神の普遍的摂理と人間の自由意志の関係については、少なくともわたしが読んだかぎりでは、直接的には何もふれてはいません。しかしかれは、戦争の愚かさについては、繰り返し強調し、二度とこのように不幸を起こさないように、と強く勧告しています。ということは、かれは戦争を「人間のわざ」、「人間が犯す過ち」、として認めていることが、その前提となっていると思います。
たとえば、博士は『いとし子よ』で、二人の子供たちに、次のように書き残しています。

「戦争が長びくうちに、はじめ戦争をやりだしたときの名分なんか消えてしまい、戦争がすんだころには、勝ったほうも負けたほうも、何の目的でこんな大騒ぎをしたのかわからぬことさえある。そうして、生き残った人びとはむごたらしい戦場の跡を眺め、口をそろえて、――戦争はもうこりごりだ。これっきり戦争を永久にやめることにしよう――そう叫んでおりながら、何年かたつうちに、いつしか心が変わり、なんとなくもやもやと戦争がしたくなってくるのである。どうして人間は、こうも愚かなものであろうか」（『全集』、第三巻、１００－１０１頁）。

ここで博士ははっきりと、「戦争」を人間の愚かさから来るものと言明しています。
だからこそ永井は、同じ著書で、日本憲法の第九条にもふれながら、日本の非戦争宣言について、次のように熱く語っているのです。

「わたしたち日本国民は、憲法において戦争をしないことを決めた。憲法の第九条は、『日本国民は、正義と秩序を基調とする国際平和を誠実に希求し、国権の発動たる戦争と、武器による脅威又は武器の行使は、国際紛争を解決する手段としては、永久に放棄する』と決めている。どんなことがあっても戦争をしないというのである。

わが子よ——。憲法で決めることなら、どんなことでも決められる。憲法はその条文どおり実行しなければならぬから、日本人としてなかなか難しいところがあるのだ。どんなに難しくても、これは善い憲法だから、実行せねばならぬ。自分が実行するだけではなく、これを破ろうとする力を防がねばならぬ。これが戦争の悲惨さに目覚めたほんとうの日本人の声なのだよ。しかし理屈はなんとでもつき、世論はどちらへもなびくものである。日本をめぐる国際情勢次第では、日本人の中から、憲法を改めて戦争放棄の条項を削れ、と叫ぶ者が出ないともかぎらない。そしてその叫びが、いかにももっともらしい理屈をつけて、世論を日本武装に引きつけるかもしれない。

そのときこそ、……誠一よ、カヤノよ、たとえ最後の二人となっても、どんなにののしりや暴力を受けても、きっぱりと『戦争反対』を叫び続け、叫び通しておくれ！　たとえ卑怯者とさげすまれ、裏切り者とたたかれても、『戦争絶対反対』を叫び守っておくれ――……」(『全集』、第三巻、100―101頁)。

博士の、以上の言葉からも、かれが戦争を、神ではなく、まさに「人間の愚かなわざ」と考えていたことが明白でしょう。わたしたちが「摂理論」で述べたように、人間はその自由意志のゆえに、残念ながら神の摂理に逆らって行動することもできるのです。ということは、もちろんこれに協力することもできる、ということです。この点について、この講演会の最終回に予定しています「永井隆博士の平和論」についてお話しするときに、再度取り扱うことになるでしょう。

以上のことからわたしたちは、「戦争は神の摂理であった」とする永井の考えと、「戦争は人間の愚かなわざである」、という二つの考えは、決して矛盾したり、対立関係にあるものではなく、むしろ両立できる、と結論することができるでしょう。重複を恐れずあえて繰り返すならば、理性と自由意志を付与されている人間は、神の普遍的摂理の具体的実現に関して、これに協力することも、またこれを拒否することもできるからです。つまり神は、人間に一度付与された自由意志の行使を禁じたり、阻止したりするようなことはなさらず、たとえその行使が誤っている場合でさえ、これを阻止するようなことはなさらないからです。誤解をさけるためにあえて付言するならば、もちろん神は、人間が、自由に、そして自主的に、神の摂理の実現に協力することを望んでおられるし、本来的には、そのためにこそ人間に理性と自由意志を与えられたことを、わたしたちは忘れてはなりません。しかし神はそのようなことを人間に強制するようなことはなさらないのです。

この問題に関して、『ヤコブの手紙』に、示唆に富む教えが記されていますからご紹介しましょう。まずヤコブは、「何が原因で、あなたがたの間に戦や争いが起こるのですか」と問い、「あなたがた自身の内部で争い合う欲望が、その原因ではありませんか」と、その戦いや争いの原因を指摘しています。そしてさらにヤコブは、この戦いや争いの原因について、さらに具体的に追及しつつ、次のように書き続けています。

「あなたがたは、欲しくても得られず、人を殺します。また、熱望しても手に入れることができず、争ったり戦ったりします。得られないのは、願い求めないからで、願い求めても、与えられないのは、自分の楽しみのために使おうと、間違った動機で願い求めるからです。神に背いた者たち、世の友となることが、神の敵となることだと知らないのか。世の友になりたいと願う人はだれでも、神の敵となるのです。それとも、聖書に次のように書かれているのは意味がないと思うのですか。『神はわたしたちの内に住まわせた霊を、ねたむほどに深く愛しておられ、もっとも豊かな恵みを下さる』それで、こう書かれています。
『神は、高慢な者を敵とし、
謙遜な者には恵みをお与えになる』
だから、神に服従し、悪魔に反抗しなさい。そうすれば、悪魔はあなたがたから逃げて行きます。神に近づきなさい。そうすれば神は近づいてくださいます。罪人たち、手を清めなさい。心の定まらない者たち、心を清めなさい。悲しみ、嘆き、泣きなさい。笑いを悲しみに変え、喜びを愁いに変えなさい。主の前にへりくだりなさい。そうすれば、主があなたがたを高めてくださいます」（4：1—10参照）。

右に挙げたヤコブの言葉を、わたしたちはそのまま、神と神の摂理、そして神の摂理に協力するか、あるいはこれに反抗するかについては、理性と自由意志を付与されているわたしたち人間自身の自由意志決定にかかっている、という教えに応用することができます。もちろん神は、いかなる悪からも善を引き出すことができるというのが、わたしたちの摂理についての神学的考察からの結論でしたが、では神は、人間が起こすこの愚かな戦争から、いかなる善を期待しておられるのか、という問題が、まだ未解決なままに残されていますが、この問題についても、これは最終回の「永井隆博士の平和論」で論じることになるでしょう。

D　神の摂理への信仰は、わたしたちの活発な活動源である

摂理問題は、特に十九世紀以来、いろいろの形で、それまで以上に強い反対論が叫ばれるようになりました。その原因は、この世に見られる多くの悪、災害、伝染病、犯罪や戦争、二十世紀に二回も勃発した世界大戦、特にその象徴的出来事であるアウシュヴィッツの悲劇と、広島・長崎での原爆投下でした。さらに摂理論が否定的に捉えられるようになったのは、たとえばマルクス主義や、サルトルの思想的影響によるところも大きいと言わなければなりません。マルクス主義は、神の摂理を信じることは、人間の革命精神を弱め、麻痺させると主張していますし、サルトルを筆頭とする、いわゆる無神論的実存哲学者たちは、神の摂理を、人間の自由と尊厳を主張するための最大の障害と考えていたからです。このような反対論については、今後継続する予定のこのような講演会を通して、徐々に反論する機会があると信じますが、永井の壮絶な生き方を通して、とりあえずわたしたちは、神の摂理への信仰が、革命精神とまでは言いませんが、むしろ活発な活動生活を麻痺させるようなことはなく、むしろ強靱な活動生活を可能にすることを実証する、ということは、たしかに言える、と思います。神の摂理を受け入れ、そしてこれに忠実に生きるということは、マルクス

主義者たちが主張するように、人間の活動性を弱めるのではなく、かえってこれをさらに強固で、不動なものとする、とわたしたちは信じて疑いません。永井の考えも全く同じでした。原子野で金槌の音が最初に響いたのは浦上教会再建のためだった、と言われますが、永井は事実、こうして再建なった浦上天主堂を、神の摂理への強い信頼ゆえの、浦上の全信徒たちの完全な一致協力の結果だった、と見ています。

かれは『ロザリオの鎖』でまず、原爆投下直後の浦上の状況について、「当時浦上原頭たる今満月荒涼、灰と瓦と石垣のみの廃墟。白日こうこう骨を照らし、夜風しゅうしゅう瓦を泣かしめ、煉瓦の山と化したる天主堂に、夜はかすかに飛ぶ蛍。人声絶えたる焼け跡にわずかにすだくこおろぎ。防空壕に仮小屋に、迷える羊のごとくぼう然自失した私ども生き残り信者は、ただ涙を流してなんらなすところなく、浦上教会の全滅の言葉は、まさに事実とならんとしておりました」（『全集』、第三巻195頁）と、生々しく当時の状況を記しています。

しかし永井は、いち早く実現した天主堂の再建について、二つの要因を挙げています。まずは信徒たちの一致・団結による努力です。永井はこの点について、「……この驚嘆すべき変化、この底知れぬ力は何より発したのでしょうか。主任司祭中田神父様の高遠な理想、実践的な計画、万難を排する熱意、純粋な信仰の扶植、灰の中に信者とともに泣く愛を教会活動の源泉となし、浦上大工左官組合の犠牲的作業、聖マル夕会、青年会、聖母の姉妹会の連日の勤労奉仕と祈祷、そのほか一般信者の霊的・物的・財的奉仕、これをまとめる宿老、教え方の努力などを、教会復興の一点に向けて昼夜兼行つとめたことも、たしかに大いなる力であります」、と言いながら、かれは特に、目には見えない偉大なる神の力の大きな影響力を強調しつつ、次のように記しています。

「しかしながら私どもは、私どものこの努力のほかに、何か目に見えぬ大いなる力が加勢しているのを感じずにはおられません。否、この目には見えぬ力こそ浦上復興の原動力であり、私どもの努力はこれにわずかに添えられたものにすぎぬと思わざるを得ません。この大いなる力こそ、取り給いしにより与え給うわれらの神、そのみ業のつねに賛美せられ給うべき全能全知のおん父より出する力ではございますまいか。

地上において神より愛される村や町は多けれど、わが浦上のごとく深く神に愛される村はありますまい。……」（『全集』、第三巻、196頁参照）。

永井の右の言葉は、人間がいかなる逆境にあっても、神の摂理に信頼して努力するとき、その力がどれほど大きな結果をもたらすかを、自分自身の貴重な経験を通して実感したと認めたことを意味するのではないでしょうか。

永井自身も、神の摂理への全幅の信頼をもって、まさに超人的に強く生き、素晴らしい生涯を閉じることになります。永井は生前、自分の死についても、「やがて私を訪れる『死』もまた、限りなき愛にまします神の私に対する最大の愛の贈物であろう。それゆえ、死の前に通らねばならぬ心の悩みも体の苦しみも、神のみ栄えのあらわれるために必要なものとして、悦んでこれを受けようと思っている」（『この子を残して』より）、と予告していましたが、かれはその予告どおりに、かれは、眠るがごとき安らかな死をもって、短い生涯を閉じています。かれの臨終の様子については、片岡弥吉教授の著書『永井隆の生涯』（333―351頁参照）にも詳細に書かれていますから、わたしはここで割愛します。ただ父の死の現場にいて、その最期を見届けた誠一氏が書き残していることだけを、以下要約してご紹介しましょう。

『永井隆の生涯』の表紙
（B6版 366頁）

「用意してあった影浦内科の第一病棟に入院した。前田ハルエ内科婦長と久松物理的治療科婦長らが出迎えた。その後の指揮は、かつて婦長として喜怒哀楽を共にしてきた久松婦長がとった。父は病院医師時代になじんだ病院独特のにおいもかいで、苦痛も忘れたのか、冗談を飛ばした。心配そうな前田婦長に『婦長さん、お品がでてきて、皇后さまのごたるですたい』と言って、気分を和らげた。上半身の清拭をしてくれた久松婦長に、『あなたは仕事を半分残したね。仕事は全部してしまわなければ』とかまをかけた。婦長はすぐに気づき、残りの半身部分を清拭した。

気持ちよく安眠し、小康状態を維持していた。午後九時半過ぎ、朝永主治医と久松婦長らは所用のため病室を出られ、病室の隣室には私と歌子が残った。

突然、『イエズス、マリア、ヨゼフ、お祈りしてください』と、永井の大声が聞こえた。壁掛け時計を見た。午後九時五十分だった。私は病室に駆け込んだ。父に取り乱した恰好はまったくなく、上を向いた正常の姿勢で両目を閉じていた。

私はとっさにまくら元にあった十字架を、包帯をしていない左手に握らせて叫んだ。

『お父さん！』父は何も答えてくれなかった。歌子はルルドの聖水を唇に流したが、目も開けなかった。
久松婦長らに父の急変を知らせた。すぐに応急処置が施された。しかし、五度目の回復は起きなかった。急死の知らせで、茅乃や元叔父たち家族が戻ってきたが、みな涙顔になった。享年四十三だった」（『永井隆』、３９３―３９４頁）。

このようにして、被爆の苦悩に、あるいは戸惑う浦上の信徒たちに神の摂理を説き続けた永井は、最期までかれ自身の予告どおり、神の摂理への絶対的な信頼のうちに、力強く生き続け、あまりにも短かったとはいえ、神の前に充実した生涯を、静かに閉じたのでした。「神の摂理論」は、永井にとって、議論や論争の対象ではなく、信仰の対象であり、生きる指針そのものだったのではないでしょうか。

二〇〇八年（平成二十年）八月三日
於　長崎市立図書館

第二章　永井の「いけにえ論」

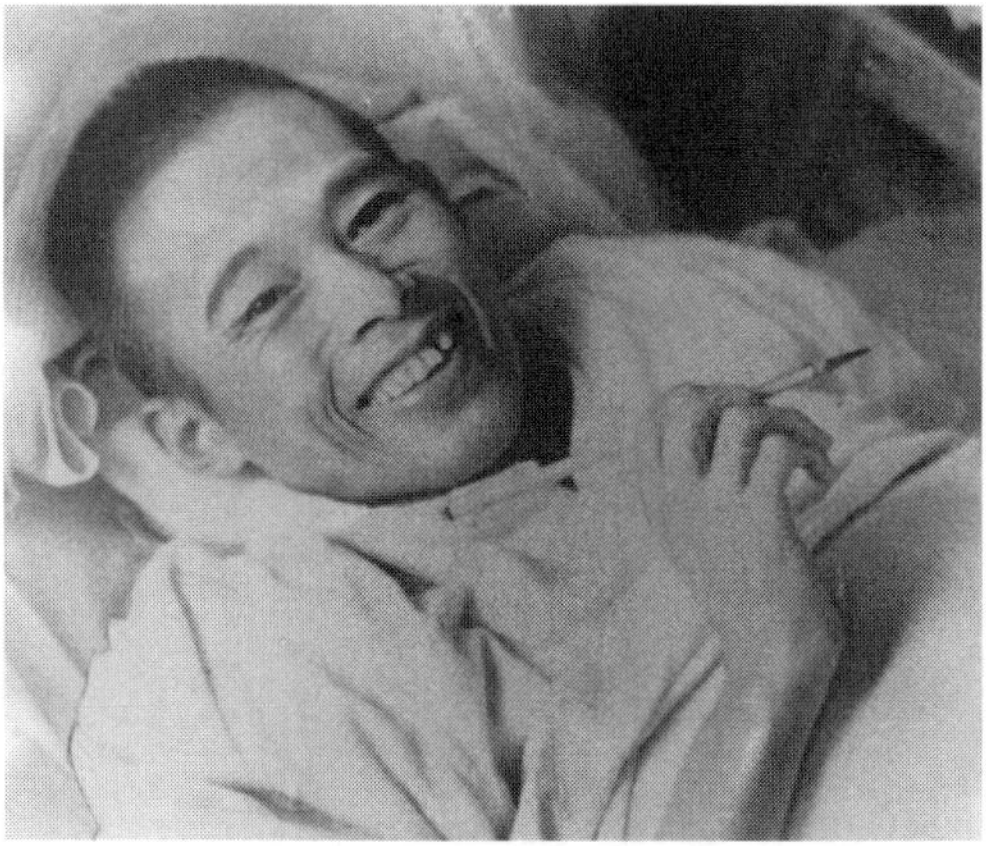

我々も小さないけにえ

高橋教授が「浦上燔祭説」の第二の要素として提示しているのが、「原爆の死者をどう見るか」という問題です。そして高橋は、「永井隆は神の祭壇に供えられた犠牲すなわち『燔祭』(holocaust)とみる」(「高橋」、１９９頁)、と答えています。高橋がこのように断言するには、もちろんそれだけの根拠があります。永井はたしかにそのような記述を繰り返しているからです。ここでは、永井の、『長崎の鐘』、『この子を残して』、そして『ロザリオの鎖』の三冊から、関係ある文章を拾ってみましょう。まず『長崎の鐘』に収録されている、例の「原子爆弾合同葬弔辞」に次のような言葉が読まれます。

「これまで幾度も終戦の機会はあったし、全滅した都市も少なくありませんでした。それは犠牲としてふさわしくなかったから、神は未だこれを善しとして容れ給わなかったのであります。然るに浦上が屠られた瞬間初めて神はこれを受け納めたまい、人間の詫びをきき、忽ち天皇陛下に天啓を垂れ、終戦の聖断を下させ給うたのであります。

信仰の自由なき日本に於いて迫害の下四百年殉教の血にまみれつつ信仰を守り通し、戦争中も永遠の平和に対する祈りを朝夕絶やさなかったわが浦上教会こそ、神の祭壇に献げられるべき唯一の潔き羊ではなかったでしょうか。この羊の犠牲によって、今後更に戦禍を蒙る筈であった幾千万の人々が救われたのであります。

　戦乱の闇まさに終わり、平和の光さし出る八月九日、此の天主堂の大前に焔をあげたる、嗚呼大いなる燔祭よ！　悲しみの極みのうちにも私たちはそれをあな美し、あな潔し、あな尊しと仰いだのでございます。汚れなき煙と燃えて天国に昇り給いし主任司祭をはじめ八千の霊魂！　誰を思い出しても善い人ばかり。……」（『全集』、第二巻、79頁）。

　永井はさらに、『この子を残して』の中でも、工場に動員されていて、燃える火の中で賛美歌をうたいつつ、次々と息絶え、灰になっていった純心の生徒たちについて、「それはまったく古の神の御意を安らげた燔祭さながらであった。ああ、第二次世界大戦の最後の口、長崎浦上の聖地に燃やされた大いなる燔祭よ！」と称え、次のように詩っています。

「燔祭の炎のなかにうたいつつ
　白百合少女燃えにけるかも」
（『全集』、第・巻、23頁。）

永井はこの詩について、昭和二十三年三月十日、「亡き子らの名と顔とをそぞろに想い出しつつ」として、純心学園宛に、次のように書き送っています。

「天主をたたえる歌をうたいつつ、炎より熱い信仰に燃えて、天に昇りゆく純心の子よ、召されたる汚れなき子羊よ。

わたしがそれを思っていたら、ひとりで口をついて出た歌がこれでした。そしてこの歌を自ら声に出して歌ってみようとしたら涙があふれて、むせてしまいました。自分の作った歌に自分で泣いたのは、これが初めてです。

長崎ペンクラブの木野さんに作曲をお願いしましたら、きよらかな曲をつけて下さいました。お贈りいたします。

もし皆様のお気に召し、ながく愛唱して戴ければ、ひそかなよろこびと致しましょう」（片岡千鶴子、瑠美子編・著、『被爆地長崎の再建』、長崎純心大学博物館発行、１０８―１０９頁参照）。

永井はまた、『ロザリオの鎖』でも、原爆投下の当日の浦上天主堂の様子について、次のように記しています。

「聖母被昇天の祝日の前の告解の最中に、この聖堂の中において、美しい最期をお遂げなされし西田神父様、玉屋神父様。神父様方こそ、司祭としてまことの死所を得給いしものと言うべく、汚れなき子羊として選ばれし多くの霊魂を率いて天国にご凱旋あそばれたものと、私どもは信じています」（『全集』、第三巻、１９５頁）。

永井の、これらいずれの言葉からも、それが、被爆死者を、罪を贖うために神に献げられていた旧約の「汚れなき子羊」に譬えて、敬い、尊んでいることが明らかです。しかし、永井のこのような言葉の真意を正しく理解することは、それほど容易なことではありません。わたしは以下、高橋の「犠牲」(holocaust) を、「いけにえ」に置き換えて、話を進めさせていただきます。旧約の、「汚れなき神の子羊のいけにえ」は、人間に代わって人々の罪を贖うという、いわば贖罪の意味が強く込められていたからです。いずれにせよわたしたちは、まず「いけにえ」についての考察から始めましょう。

Ⅰ　いけにえについて

1　旧約のいけにえ

「いけにえ」についても、まず「旧約のいけにえ」、新約の「キリストのいけにえ」、そしてわたしたちによって継続されるべき「いけにえ」の、三段階に分けて考察しましょう。

古今東西の如何を問わず、あらゆる宗教は、それぞれ形態こそ異なれ、何らかの「供え物」、あるいは「いけにえ」を献げます。ここでは講演の内容上、旧約の「イスラエル民のいけにえ」（『レビ記』第1章—第2章参照）に限って考えることにしましょう。

神の選民、イスラエルの民の「いけにえ」には、大きく分けて、「有血のいけにえ」と「無血のいけにえ」とがありました。後者の「無血のいけにえ」としては、穀物、油、ぶどう酒、香などが奉献されていました。前者の「有血のいけにえ」はさらに、動物を「焼き尽くすいけにえ」と、「動物の血」を流すそれとに大別されていましたが、いずれにしても大切なことは、過去の生活からの完全な決別、すなわち「過去に完全に死んだ」ことを意味していたということです。一度灰になってしまったものを、元に戻すことはできませんし、一度流した血を、再び体内に入れて、「いのち」を取り戻すことも不可能だからです。

「有血のいけにえ」で、もう一つ求められていた大切な条件は、「いけにえ」として屠られるべき動物はみな、「清い」動物でなければならず、そしてその代表的なものが、「汚れなき」、当歳の「子羊」だったのです。この条件は、次にみることになる「新約のいけにえ」に直接に関連しますから、よく注意しておきましょう。

ただ残念なことに、イスラエルの民が繰り返していた動物の「いけにえ」が、次第に習慣的、形式的になり、形骸化されて、その本来の精神が失われていた、という点です。ここで預言者イザヤは、神に代わって、民に厳しい叱責の言葉をかけています。預言者イザヤは、たとえば次のように、民を厳しく咎めているからです。

「お前たちのささげる多くのいけにえが、
わたしにとって何になるだろうか、と主は言われる。
雄羊や肥えた獣の脂肪の献げ物にわたしは飽いた。

雄牛、子羊、雄山羊の血をわたしは喜ばない。
こうしてわたしの顔を仰ぎ見にくるが、
誰がお前たちにこれらのものを求めたか。
わたしの庭を踏み荒らす者よ。
むなしい献げ物を再び持って来るな。
香の煙はわたしの忌み嫌うもの。
新月祭、安息日、祝祭など、
災いを伴う集いにわたしは耐ええない。
お前たちの新月祭や、定められた日の祭りを　わたしは憎んでやまない。
それはわたしにとって、重荷でしかない。
それを担うのに疲れ果てた。
お前たちがどれほど手を広げて祈っても、わたしは目を覆う。
どれほど祈りを繰り返しても、決して聞かない」（イザヤ1：11―15）

このように、外見的、形式的になった旧約のいけにえを厳しく糾弾するイザヤは、「いけにえ」本来のあるべき姿、「いけにえ」を献げる前提となるべき条件についても、次のように、明確に言明しています。

「お前たちの血にまみれた手を洗って、清くせよ。
悪い行いをわたしの目の前から取り除け。
悪を行うことをやめ、
善を行うことを学び、
裁きをどこまでも実行して、
搾取する者を懲らしめ、孤児の権利を守り、
やもめの訴えを弁護せよ」（イザヤ1：15―17）。

同じ教えを、預言者ホセアも、神に代わって、「わたしが喜ぶのは　愛であっていけにえではない、神を知ることであって　焼き尽くす献げ物ではない」（ホセア6：6）、と教えています。

以上のような、極めて外見的で、形式的になっていた「旧約のいけにえ」に、そのあるべき本来の姿を提示したのが、アブラハムによる、独り子イサクのいけにえでした。アブラハムは神から、愛する独り子イサクを、「いけにえ」として献げるように命じられます。アブラハムは次の日、「ろばに鞍を置き、献げ物に用いる薪を割り、

二人の若者と息子イサクを連れて、神の命じられた所に向かって」行きます。焼き尽くす献げ物に用いる薪を背負わされていたイサクは、途中で、父アブラハムに、「火と薪はここにありますが、焼き尽くす献げ物にする子羊はどこにいるのですか」、と問います。アブラハムは、「わたしの子よ、焼き尽くす献げ物の子羊はきっと神が備えてくださる」と答えて、一緒に歩いていますが、しかしアブラハムのそのときの心情はいかばかりだったでしょう。アブラハムは、神が命じられた場所で、祭壇を築き、薪を並べ、息子イサクを縛って祭壇の薪の上に載せ、手を伸ばして刃物を取り、息子を屠ろうとしたそのとき、主の使いがアブラハムに、「その子に手を下すな。何もしてはならない。あなたが神を畏れる者であることが、今、分かったからだ。あなたは独り子である息子すら、わたしにささげることを惜しまなかった」、と告げています。こうしてアブラハムは、後ろの木の茂みに角をとられていた一匹の雄羊を捕まえ、息子の代わりに焼き尽くすいけにえとしてささげています（創22：1―13参照）。

このアブラハムによるイサクの「いけにえ」は、「いけにえ」の真の意味を理解するためだけではなく、次に考察することになる、キリストによる「完全な贖いのいけにえ」について理解するために不可欠な要素となります。アブラハムによる、愛する独り子イサクのいけにえこそ、旧約のいけにえのあるべき真の姿を示唆するとともに、イエス・キリストの十字架上での残酷な「いけにえ」の前兆、ないしそのシンボルとしての深い意味を持っているからです。事実イサクのいけにえは、完全な形で、十字架上のイエスの尊い流血の死によって成就され、完成されるからです。

2　イエス・キリストの「いけにえ」

キリストの先駆者・洗礼者ヨハネは、自分の二人の弟子たちにイエスを紹介するとき、「見よ、神の子羊だ」（ヨハネ1：37）、と証言しています。その意味は、今度は、今までのように代用品である子羊ではなく、あの方が、わたしたちの罪を贖うためにいけにえとなられる方ですよ、という意味です。つまり洗礼者ヨハネは、初めからイエスを、わたしたち人類の罪を贖うために「いけにえ」となられる方、と宣言しています。

イエスご自身も、ご自分が人となってこの世に来られた理由について、「人の子は仕えられるためではなく仕えるために、また、多くの人の身代金として自分の命を献げるために来たのである」（マルコ10：45）、と言明されています。

イエスは、ファリサイ派の人々から、なぜ徴税人や罪人たちと一緒に食事をするのかと尋ねられたとき、ご自分の使命についてより明白に、「わたしが求めるのは憐れみであって、いけにえではない」、というホセアの言葉を引用しつつ、「わたしが来たのは、正しい人を招くためではなく、罪人を招くためである」（マタイ9：11―13参照）とも断言しています。

罪人を贖うべきご自分の使命について、イエスは、特に最後の晩餐の席上でも明確に仰せられています。ルカの記述によると、食事を終えてからイエスは、杯も同じようにして、「この杯は、あなたがたのために流される、わたしの血による新しい契約の血である」（ルカ22：20）、と仰せられています。ここで、イエスが言われた、「新しい契約の血」という言葉に注目しましょう。契約の「新しい血」と言われるかぎり、そこには当然、「古い契約の血」が示唆されています。この古い契約の血こそ、旧約のいけにえに用いられていた清い動物の血にほかなりませんでした。事実イエスは、ご自分の予告どおり、人類史上かつてだれも見たことのない、十字架上での壮絶な死をもって、人類の罪を贖うための「いけにえ」として、最高の、しかも完全無欠な「いけにえ」としての死を遂げられたのでした。

こうして、かつて預言者イザヤによって予告されていた贖いの業は、イエス・キリストによって完全に成就されました。イザヤは人々の贖いを成就するイエス・キリストについて、次のように予言していたからです。

「見るべき面影はなく、輝かしい風格もなく、好ましい姿もない。

かれは軽蔑され、人々に見捨てられ、
多くの痛みを負い、病を知っている。
彼はわたしたちに顔を隠し、
わたしたちは彼を軽蔑し、無視していた。
彼が担ったのはわたしたちの病。
かれが負ったのはわたしたちの痛みであったのに。
わたしたちは思っていた。
神の手にかかり、打たれたから、
彼は苦しんでいるのだ、と。
彼が刺し貫かれたのは、
わたしたちの背きのためであり、
彼が打ち砕かれたのは、
わたしたちの咎のためであった。

彼の受けた懲らしめによって、
わたしたちに平和が与えられ、
彼の受けた傷によって、わたしたちはいやされた。

わたしたちは羊の群れ。
道を誤り、それぞれの方向に向かって行った。
そのわたしたちの罪をすべて。
主は彼に負わせられた。……

……

病いに苦しむこの人を打ち砕こうと主は望まれ、
彼の自らを贖いの献げ物とした。
彼は、子孫が末永く続くのを見る。
主の望まれることは、
彼の手によって成し遂げられる。
彼は自らの苦しみの実りを見、
それを知って満足する。
わたしの僕は、多くの人が正しい者とされるために、
彼らの罪を自ら負った。
それゆえ、わたしは多くの人を彼の取り分とし、
彼は戦利品としておびただしい人を受ける。
彼は自らをなげうち、死んで、

罪人のひとりに数えられたからだ。
多くの人の過ちを担い、
背いた者のために執り成しをしたのは、
この人であった」（イザヤ53：2―12）

3　キリストの十字架上での「いけにえ」の結果

イエスが、このような残酷で、壮絶な死をもって成し遂げられた「いけにえ」の価値と効力について、『ヘブライ人への手紙』の著者は、もちろん旧約の「いけにえ」と比較しながら、次のように明記しています。

「けれども、キリストは、既に実現している恵みの大祭司としておいでになったのですから、人間の手で造られたのではない、すなわち、この世のものではない、更に大きく、更に完全な幕屋を通り、雄山羊と若い雄牛の血によらないで、御自分の血によって、ただ一度聖所に入って永遠の贖いを成し遂げられたのです。なぜなら、もし、雄山羊と雄牛の血、また雄牛の灰が、汚れた者たちに振りかけられて、彼らを聖なる者とし、その身を清めるならば、まして、永遠の

〝霊〟によって、御自身をきずのないものとして神に献げられたキリストの御血は、わたしたちの良心を死んだ業から清めて、生ける神を礼拝するようにさせないでしょうか」（ヘブライ9：11―14）

そして同じ『ヘブライ人への手紙』の著者は、「こういうわけで、キリストは新しい契約の仲介者です」と結論し、更に、この仲介者については、次のように続けて記しています。

「それは、最初の契約の下で犯された罪の贖いとして、キリストが死んでくださったので、召された者たちが、既に約束されている永遠の財産を受け継ぐためにほかなりません。遺言の場合には、遺言者が死んだという証明が必要です。遺言者が死んで初めて有効になるのであって、遺言者が生きている間は効力はありません。だから、最初の契約もまた、血が流されずに成立したのではありません。というのは、モーゼが律法に従ってすべての掟を民全体に告げたとき、水や緋色の羊毛やヒソプと共に若い雄牛と雄山羊の血を取って、契約の書自体と民全体とに振りかけ、『これは、神があなたがたに対して定められた契約の血である』と言ったからです。また彼は、幕屋と礼拝のために用いるあらゆる器具にも同様に血を振りかけました。こうして、ほとんどすべてのものが、律法に従って血で清められており、血を流すことなしに罪の赦しはありえないのです」（ヘブライ9：15―22参照）。

しかしキリストのこの贖いのみ業は、罪人である人類が存続しているかぎり、教会によって継続されるべきです。その意味でもイエスは、最後の晩餐のときに、「わたしの記念としてこのように行いなさい」（ルカ22：19）と仰せられたのです。

Ⅱ　教会による贖いの継続

本論に入る前にわたしたちは、キリストによる贖いの業を継続すべき「教会とは何か」、そして、教会と、わたしたちキリスト者との関係について、最小限度の理解をしておかなければなりませんから、まずはこの問題から考察しましょう。

1　教会とは何か

皆さんは、「教会」とは何か、と問われたら、どのようにお答えになりますか。わたしたちは「教会とは何か」についてよく分かっているようで、具体的に説明しようとなると困るときがあります。「教会」という言葉は一義的ではなく、実はいろいろの異なった意味に使用されているからです。

たとえば、わたしたちはよく、「ちょっと教会まで行ってくる」とか、他人に道を教えるときなど、「教会を右に曲がって……」、などと言います。この場合の「教会」は、明らかに「建物」として「教会」を指しています。

またわたしたちは、「これが教会の教えですよ」、とも言いますが、この場合の「教会」は、キリストに代わって、権威をもって人々に教え、諭し、そして導く、いわゆる教導権を行使している教会、換言すれば、聖霊によって導かれている、教皇を頂点とした全司教団の教導的使命を帯びた共同体を意味します。

「教会」についていては、もう一つの意味があります。これは、「キリストの神秘体」というそれです。第二バチカン公会議では、『教会憲章』（以下『教憲』とする）で、「教会とは何か」について、いろいろと議論を重ねまして、その明白な定義を模索しました。その中でも特に評価された教会の定義は、「キリストの神秘体」という、教会の伝統的な教えでした（『教憲』、7条参照）。「教会」を「キリストの神秘体」とする教えは、特にパウロが強調しているもので、人間の体の構造を、神秘的な意味で、「教会」に応用している教えです。パウロの、「キリストの神秘体」としての教えの基礎は、体の一性と、その部分である各肢体の多様性の調和にあります。『教会憲章』は、その第七条で、パウロの、『コリントの人々への手紙』の言葉を多く引用しながら、次のようにまとめています。

「人間の体のすべての部分は多数であるが、一つの体を形成するように、信者たちもキリストにおいてそうである（Ⅰコリント12：12参照）。キリストの体の建設においても、それぞれ部分と職務の相異がある。霊は一つであって、その豊かな富にふさわしく、また役務の必要に応じて、教会の益のために、いろいろのたまものを分け与える（Ⅰコリント12：1―11参照）。そのたまものの中で、使徒の受けた恩恵は特にすぐれています。すなわち、霊自身が、種々の霊の賜物を受けた人たちさえも、使徒の権威に従わせたのです（Ⅰコリント14参照）。同じ霊自身が、自分の力と各部分の内的結合によって体を統一し、信者の間に愛を生み、かれらを励ます。そのために、一つの部分が苦しめば、すべての部分は共に苦しみ、一つの部分が尊ばれれば、すべての部分がともに喜ぶのである」（Ⅰコリント12：26参照）。

しかも、この「キリストの神秘体」である教会の頭はキリストご自身です。そしてこの頭であるキリストは、「偉大な力をもって天上のものと地上のものを支配し、卓越した完全さと働きによって、その栄光の富をもってからだ全体を満た」（エフェソ1：18—23参照）しています。他方、キリストの神秘体の肢体、ないし成員であるすべてのキリスト者は、「自分の中にキリストが形づくられるまで、キリストに似たものとなるように努めなければなりません」（ガラテヤ4：19参照）し、「まだこの地上を旅するわれわれは、艱難と迫害の中でキリストの足跡をたどりながら、頭に結ばれた成員としてキリストの苦難にあずかり、キリストとともに栄光を受けるために、今はキリストとともに苦しみを耐え忍ぶ」（ローマ8：17参照）べきです。

以上の意味から、すべてのキリスト者は、キリストが教会に託した三つの職務、すなわち「司祭職」、「預言職」、そして「王位職」にともに参与します。「預言職」と「王位職」についての解説はここでは割愛し、今わたしたちが直接的に探究している「司祭職」への参与についてだけ言及するにとどめましょう。

「人々の中から選ばれた大祭司であるキリストは（ヘブライ5：1—5参照）、新しい民を、『自分の父である神のための王国および司祭として』（黙示録1：6、3：9

―10参照)、すなわち、洗礼を受けた者は、再生と聖霊の塗油によって、霊的な家族および聖なる司祭職となるよう聖別され」ます。それは、かれらがキリスト信者のあらゆるわざを通して霊的供え物をささげ、暗闇の中から自分を感嘆すべき光へとかれらを呼んだ者の力を告げる者となるためです(Ⅰペトロ2:9―10参照)。

したがって、キリストのすべての弟子は、くじけずに祈り、ともに神を賛美しつつ(使徒2:42―47参照)、自分を神に喜ばれる聖なる生きた供え物としてささげ(ローマ12:1参照)、あらゆるところにおいてキリストを証明し、尋ねる人に対しては自分たちの中にある永遠の生命の希望について解明しなければなりません(Ⅰペトロ3:15参照)、と教会は教えます(以上『教憲』10条参照)。

しかし一般信徒の司祭職は、洗礼と堅信によって付与されるもので、叙階の秘跡によって与えられた「職位的」、あるいは「位階的司祭職」と区別するために、「共通的司祭職」と呼ばれます。この二つの司祭職はもちろん、本質的に、段階的にも異なっています。しかし両者間には密接な、深い関係があります。両者は相互に秩序づけられており、それぞれ独特で、独自の方法で、キリストの唯一の司祭職に参与しているからです。「職位的司祭は、自分が受けた聖なる権能をもって司祭的な民を育成し、治め、キリストの代理者として聖体の犠牲を執り行い、それを民全体の名において、神にささげ」ます。しかし「信者は、自分が持つ王的司祭職の力によって、聖体の奉献に参加し、また諸秘跡を受けること、祈り、感謝、聖なる生活によって証明、自己放棄、行動的な愛をもって、この王的司祭職を行使する」（『教憲』10条）からです。

ここでわたしたちは、右に引用しました『教会憲章』で、特に、「キリストのすべての弟子は、くじけずに祈り、ともに神を賛美しつつ、自分を神に喜ばれる聖なる生きた供え物として」ささげ、「信者は、自分が持つ王位的司祭職の力によって、聖体の奉献に参加し、また諸秘跡を受けること、祈り、感謝、聖なる生活による証明、自己放棄、行動的な愛をもって、この王位的司祭職を行使する」（右同）ことができる、という言葉に注目すべきです。

以上の教えを、以下わたしたちは、信徒のミサ聖祭への積極的、活動的参加と、キリストの十字架の道に従った聖なる生活によって、キリストの「いけにえ」に積極的に参加し、キリストの贖いのみわざを継続することができる、という点について、少し詳細に考察しましょう。

2　ミサ聖祭への積極的、活動的参加によって

新進気鋭なプロテスタント神学者として有名だったスコット・ハーン氏が、カトリックに改宗した後に著した著書“The Lamb's Supper : The Mass as Heaven on

Earth』は、あまりにも有名ですが（新田壮一朗監修、川崎重行訳、『子羊の晩餐――ミサは地上の天国』、エンデルレ書店）、著者はその著の「序文」で、次のように勧告しています。

「カトリック教会のあらゆるものの中で、ミサほど身近なものはない。時を超越した祈りと聖歌と一連の動作からなるミサは、各自が我が家のように感じる馴染み深いものである。ところが、大部分のカトリック信者は、習慣的に暗誦した祈りの裏に秘められたものを見ることなく、生涯にわたってミサとおつきあいする。ほとんどの人が毎日曜日に無意識のうちに見ているパワフルな超自然のドラマの意味を把握できずにいる。教皇ヨハネ・パウロ二世はミサを『地上の天国』と称された。その心は『わたしたちが地上で行う典礼は天の祭儀への神秘的参加である』という意味である」

スコット・ハーン氏の厳しい指摘はわたしたちに、ある意味で弁解できないほどの厳しい警告を秘めています。もしわたしたちが、ミサの真の意味、特にわたしたちの日々の生活との不可欠で、神秘的関係を正しく理解しているなら、理由もなくミサを欠席したり、あるいは遅れたりするようなことも少ないでしょう。第二バチカン公会議の『典礼憲章』は、この点を改善し、信徒たちに、ミサに積極的、かつ活動的に参加させることをその目標の一つにあげています。

第二バチカン公会議前のミサで、一般信徒は、原則的、理論的にはそうでなくても、しかし現実的には、ミサは司式司祭の一人舞台だったと言っても、決して過言ではありませんでした。司祭は一般信徒には理解できないラテン語でミサを行い、信徒は司祭が唱える祈りや、行う動作に合わせて祈るようになっていましたが、それでは実際上、信徒のミサへの積極的、活動的参加の機会はあまり与えられていませんでした。たとえば、聖歌隊がいかに荘厳な合唱でミサ典礼の一部を歌っても、司祭は一人で、同じ祈りをラテン語で繰り返していましたが、これはまさにそのよい例でした。

しかし第二バチカン公会議の『典礼憲章』では、ミサは、参加者の誰でもが理解できる自国語でささげられ、今までは厚いヴェールに深く包まれていたその神秘が理解され、信徒は、容易にその奥義に参与でき、尽きざる恵みを汲み取ることができるようになりました。だから今日では、それまでとは逆に、たとえば信徒たちが歌ったり、唱えたりするミサ典礼文は、もはや司祭によって繰り返されることはありません。それは、信徒たちの祈りが、ミサの一部として受け入れられていることを前提としているからです。

『典礼憲章』で特に顕著なことは、信徒たちがミサに、より積極的、かつ活動的に参加できるように、信徒たちに、かれらの固有な役割が明確に与えられていることです。たとえば、信徒たちによって行われる「朗読」、「答唱詩編」や「共同祈願」などがそうです。

さらに注目すべきことは、ミサ聖祭の構成が、信徒の「いけにえ」を前提として採用されていることです。この点は重要ですので、もう少し詳細に考察しておきましょう。「旧約のいけにえ」について論じたとき、わたしたちは、「いけにえ」となる動物は、「清い動物」でなければならなかったし、その清い動物の「いけにえ」も、完全な「いけにえ」であるキリストのそれの象徴に過ぎなかった、と指摘しました。現在のわたしたちは、この「完全なるいけにえ」であるキリストの「いけにえ」に同化されたそれでなければなりません。そもそもミサは、十字架上で、わたしたちの罪の贖いとして死去され、御血の最後の一滴までも流し尽くされたキリストの「いけにえ」の再現です。換言すれば、ミサでは、同じキリストが、同じ「贖いのいけにえ」として、しかし異なった方法、すなわち秘跡的方法で、ご自分を御父に献げられているのです。では、わたしたちはどのようにして、イエスのこの「いけにえ」に積極的に参加することができるのでしょうか。そのためにわたしたちは、もちろんミサの単なる傍観者であってはなりません。わたしたちは、自分自身を、キリストの「いけにえ」と一つになって奉献しなければならないからです。ミサのはじめに司祭は、眠い目をこすりながら、せっかくミサに参加している信徒に向かって、「ミサ聖祭をはじめる前に、わたしたちの犯した罪を認めましょう」、と呼びかけます。「神父は、どうしてわれわれをそんなに罪人にしたいのだろう」、と不平をもらした方がいた、とか聞いたことがありましたが、皆さん、この言葉の意味はお分かりでしょう。旧約の動物の「いけにえ」でさえも「清い」ことがその前提条件となっていました。今再び、「完全無垢な」キリストが「いけにえ」になるのですから、これに合体するわたしたちが罪に汚れていたのでは、もはや「清いいけにえ」とはなりません。そこでわたしたちは、神や隣人に対して犯した、思い、望み、言葉、行い、そして怠りの罪を、まず兄弟同士で赦し合い、そして神に罪の赦しを願うのです。つまりこの儀式は、わたしたちがキリストとともに、「清いいけにえ」となることを前提とした儀式です。「あわれみの賛歌」も、わたしたちの罪の赦しを願うために、かつて諸聖人のとりなしを願うために唱えていた「諸聖人の連祷」の名残です。

ミサ中、信者たちの手によって行われる奉献は、初代教会時代には、ミサ参列者たちが、互いに持ち寄って来ていた「いけにえ」を、代表者によって荘厳に奉献されていたことの、略式的な再現です。ミサに参加する人々は、手ぶらでこれに与ってはなりません。ある司祭は、司祭館の玄関に九官鳥を飼い、「手ぶらでやー」と上手に言えるように教え込んでいたそうですが、おかげで、この司祭館を訪問する人々は、例外なく、手土産持参で来ていたそうです。もちろんわたしは、その真偽のほどは分かりませんが、要するに、ミサに参加する人は、手ぶらではなく、何か「清いいけにえ」を持参して、イエスのそれに合わせるべきことを示唆しています。ミサに参加するために求められる手土産とは、日々の生活の苦しみ、悩み、痛悔や贖いの心、あるいは神への感謝などの霊的ささげ物、霊的「いけにえ」のことです。現在は、「パン」と「ぶどう酒」を奉献しますが、ここでわたしたちは、自分自身を、特に苦しみや悩みなどを、キリストの「いけにえ」と一緒にしてささげなければなりません。

皆さんお気づきでしょうが、司祭はカリスに、奉献されたばかりのぶどう酒を入れ、それに一滴の水を注ぎます。「なぜ一滴の水か」と尋ねたら、「ぶどう酒の濃度が薄くなるから」、と答えた人がいたそうですが、いかにも合理的な答えに思えますが、実は「ぶどう酒」は、無限の価値あるイエス・キリストがわたしたちのために献げる「いけにえ」であり、「一滴の水は」、わたしたちが献げる小さな「いけにえ」を意味します。「一滴の水」は、もちろんそのままでは、何の価値も用途方法もありませんが、これが高価なぶどう酒に注がれると、もはや「一滴の水」ではなく、完全に「ぶどう酒」の一部になります。ミサでわたしたちが献げる「小さないけにえ」は、キリストの完全なそれと一致合体するとき、もはやわたしたちの「いけにえ」ではなく、キリストのいけにえに完全に一致、合体した、完全な「いけにえ」となります。だから司祭は、奉献された「パン」や「ぶどう酒」を高く掲げながら、「このパン、（あるいはぶどう酒）はあなたからいただいたもの、大地の恵み、労働のみのり、わたしたちの命の糧となるものです」と唱えます。

奉献の後、司祭は手を洗います。初代教会時代には、ミサに参加する人びとが実際に動物や穀物を奉献していましたので、その後司祭は、手を洗う必要がありました。しかし現在では、実質上その必要はありません。それでも手を洗うのは、単なる習慣からではなく、そのときに司祭が唱える、「わたしたちの汚れを洗い、罪から清めてください」、と唱える祈りからも明らかなように、司祭は、自分も含めたミサの全参加者たちが、各々の罪の汚れから洗い清められて、キリストの「清いいけにえ」の一部として、神に嘉せられるように、という意味があります。このように、ミサに参加するわたしたち全員は、罪から清められて、キリストとともに本当のいけにえとならなければなりません。

3　日々の十字架を背負ってキリストを模倣する生活

以上のような、清い「いけにえ」を伴ったミサ聖祭への積極的、活動的参加はもちろん、わたしたちが日々の生活を通して罪を贖うために十字架を担われたキリストの生き方を摸倣してこそ可能です。

かつてイエスは、弟子たちに、「わたしについて来たい者は、自分を捨て、自分の十字架を背負って、わたしに従いなさい。自分の命を救いたいと思う者は、それを失うが、わたしのために命を失う者は、それを得る。人は、たとえ全世界を手に入れても、自分の命を失ったら、何の得があろうか。自分の命を買い戻すのに、どんな代価を支払えようか」（マタイ16：24―26）、と言明されました。さらにイエスは、「僕は主人にまさりはしない」という格言を引用しながら、「人々がわたしを迫害したのであれば、あなたがたをも迫害するだろう」（ヨハネ15：20）、と弟子たちに予告なさいました。イエスはあの山上の垂訓でも、「義のために迫害される人々は幸いである、天の国はその人たちのものである。わたしのためにののしられ、迫害され、身に覚えのないことであらゆる悪口を浴びせられるとき、あなたがたは幸いである。喜びなさい。大いに喜びなさい。天には大きな報いがある。あなたがたより前の預言者たちも、同じように迫害されたのである」（マタイ5：10―12）、と予告的に教えておられます。それゆえにこそ、パウロは、「このわたしには、わたしたちの主イエス・キリストの十字架のほかに、誇るものが決してあってはなりません」（ガラテヤ6：14）、と公言してはばからなかったのです。

事実パウロは、他の弟子たちよりも多く、キリストのために受けた苦しみや艱難の数々を数えあげ、次のように列挙しています。

「苦労したことはずっと多く、鞭打たれたことは比較できないほど多く、死ぬ目に遭ったことも度々でした。ユダヤ人から、四十に一つ足りない鞭を受けたことが五度、鞭で打たれたことが三度、石を投げつけられたことが一度、難船したことが三度、一昼夜海上に漂ったこともありました。しばしば旅をし、川での難、盗賊の難、同胞からの難、異邦人からの難、町での難、荒れ野での難、海上での難、偽の兄弟たちからの難に遭い、苦労し、骨折って、しばしば眠らずに過ごし、飢え渇き、しばしば食べずにおり、寒さに凍え、裸でいたこともありました。この他にもまだあるが、その上に、日々わたしに迫るやっかいなこと、あらゆる教会についての心配事があります。だれかが弱っているなら、わたしは弱らないでいられるでしょうか。だれかがつまずくなら、わたしが心を燃やさないでいられるでしょうか」（Ⅱコリント11：23―29）。

しかもパウロは、コロサイの信徒たちに、「今やわたしは、あなたがたのために苦しむことを喜びとし、キリストの体である教会のために、キリストの苦しみの欠けたところを身をもって満たしています」（コロサイ1：24）、とさえ公言し、自分が受けている苦しみが、キリストによる贖いの継続として、信徒たちのためであることを示唆しています。このような生き方を甘受していたからこそ、かれパウロは、自分の生涯の最期が近いことを悟って、「わたし自身は、すでにいけにえとして献げられています。世を去るときが近づきました。わたしは、戦いを立派に戦い抜き、決められた道を走りとおし、信仰を守り抜きました」と宣言し、「今や、義の冠を受けるばかりです。正しい審判者である主が、かの日にそれをわたしに授けてくださるのです。しかし、わたしだけではなく、主が来られるのをひたすら待ち望む人には、だれにでも授けてくださいます」（Ⅱテモテ４：６―８）、と言えるほどの確信に生きることができたのでした。

それだけにパウロは、この十字架を拒否している人々に対して、毅然とした態度で、次のような厳しい言葉をかけています。

「兄弟たち、皆一緒にわたしたちに倣う者となりなさい。また、あなたがたと同じように、わたしたちを模範として歩んでいる人々に目を向けなさい。何度も言ってきたし、今また涙ながらに言いますが、キリストの十字架に敵対して歩んでいる者が多いのです。彼らの行き着くところは滅びです。彼らは腹を神とし、恥ずべきものを誇りとし、この世のことしか考えていません。しかし、わたしたちの本国は天にあります。そこから主イエス・キリストが救い主として来られるのを、わたしたちは待っています」（フィリピ３：17―20）。

このようなパウロの生き方を模倣する人々こそ、「キリストのすべての弟子は、くじけずに祈り、ともに神を賛美しつつ（使２：42―47）、自分を神に喜ばれる聖なる生きた供え物として（ローマ12：１参照）、あらゆるところにおいてキリストを証明し、尋ね人に対しては自分たちの中にある永遠の生命の希望について解明しなければならない（Ｉペトロ３：15参照）」、という教会の勧告を忠実に生き抜くことができます。このような生き方は決して抽象的、あるいは空想的な理論ではなく、数限りない多くの殉教者たちによって、現実的に実践されました。わたしたちはここで、この長崎の地が、多くの殉教者たちの鮮血によって彩られていることを忘れてはなりません。この意味でも、さる十一月二十四日、長崎で盛大に挙行されたペトロ岐部と百八十七人殉教者の列福式は、わたしたちに大きな、そして重大なメッセージを与えています。それゆえにわたしたちは、全世界注目のもとに行われたこの列福式を、ただ単なる祝い事、あるいは記念日としてではなく、わたしたちの信仰を覚醒させ、力強く再生させるための機会としなければなりません。

Ⅲ　永井の「いけにえ論」についての考察

永井が、被爆者たちの死を、罪を贖うために屠られていた「汚れなき子羊」に譬えている事実については、今回の講演の冒頭で申しましたように、全く異存はありません。しかしわたしたちは、永井のこのような発言の源泉を求めて、旧約の汚れなき子羊の「いけにえ」にまで辿り、旧約の「いけにえ」の完成である、神の独り子イエス・キリストの「いけにえ」と、その継続である教会の、そしてその肢体であるわたしたちキリスト者の「いけにえ」にまで辿り着きました。しかし多くの方々は、このような説明にも、まだ何か釈然としないものを感じられるかもしれません。なぜなら、では長崎以外での被爆者や、戦死者たちは、いったいどうなのかという、新しい問題も提示されうるからです。この点については、痛烈な永井批判者の一人、作家の井上ひさし氏による疑問提起は、現実的ですし、それだけにここで取り上げる価値があるとわたしは思いますので、ここで簡単に言及しておきましょう。井上氏は、『ベストセラーの戦後史1』で、次のように指摘しています。

「これが本当だとすると（長崎に原爆投下が神の摂理とする考え）、長崎以外で命を落した人びと、たとえば、仙台空襲で焼死したA君の両親や妹は犬死ということになる。またB君の父親は南方戦線で戦死したが、それもまた犬死なのか。さらにその結果として、自分たちはいまこの施設で生活しているわけだが、神が善しと容れ給わなかった死が原因でここにいるのだから、自分たちの生活をもまた神は善しと思召していないのではないか。そう思うとなんだか心細くなった。そしていま、このくだりを読むと、永井隆の真意とは関係なく、彼の書物群が果たした役割がありありと手にとるように見えてくる」（60頁）。

井上の右の記述には、実は大きな三つの問題が、文脈的に含まれていると思われます。まず第一の問題は、長崎での原爆投下を「摂理」とする問題がその前提になっています。「これが本当だとするならば」、という井上の表現は、明らかにこのことを示唆しているからです。井上発言に含まれる第二の問題点は、永井の摂理論を前提とすれば、長崎市以外の被爆者、あるいは多くの戦死者や戦争被害者たちの死は、いったい何だったのかという、極めて深刻な問題提起です。そして第三の問題は、永井が書いた、いわゆる彼の書物群の価値について、すなわちそれは、アメリカの原爆投下の正当性を弁護するための単なる詭弁に過ぎない、とする考えです。

以上提起されている三つの問題について、第一の「摂理論」については、第一回の講演のテーマとして直接に取り扱いましたので、ここでは、再度論じないことにします。そして第三の問題は、次回の講演会で、「永井隆博士の平和論」と題して話す予定ですから、これも今日は触れないことにします。したがって今回わたしは、井上氏が提示する第二の問題だけを取り上げます。

さて、第二の問題についてですが、この問題にも、大きく二つの問題が包含されている、とわたしは考えています。一つは、永井が、前述の、いわゆる「いけにえ論」について語ったとき、井上が指摘しているように、長崎市以外の被爆者や戦没者のことをどのように考えていたのか、という点です。永井は、長崎の原爆被爆者についてのみ語っているように思えるからです。もう一つの問題は、それでは浦上の原爆被爆者でさえあれば、かれらは無条件に、罪を贖う「神の子羊」として、神に嘉せられる真の「いけにえ」として受け入れられたのか、という点です。わたしたちは以下、この二点だけに焦点を合わせて考察を続けていくことにしましょう。

1　長崎市以外の被爆者、戦争被害者について

永井は、昭和二十四年四月一日に、原爆被爆の体験記として『長崎の鐘』を発行し

ていますが、かれはその後、ピカドンまでの浦上での生活について、『亡びぬものを』を書き、原爆投下後の浦上の原子野での生活を、『ロザリオの鎖』に記して出版しています。かれがその後で出版したのが『花咲く丘』です。この『花咲く丘』は、『ロザリオの鎖』発行以降の生活記録で、原爆の後の荒野を花咲く丘に変えていく人々の魂のうごめきと、浦上再建のための努力の姿を書き残しています。この意味で、この『花咲く丘』は、一連の浦上での被爆体験記に関わるもので、原爆の科学シリーズとも言える『生命の河』や、被爆直後に（昭和二十年八月―十月）、長崎医科大学物理学療法科に提出された『原子爆弾救護報告』など、客観的、学術的書とは大きく異なっています。したがって後者の学術書に比べて、かれが著している『長崎の鐘』、『この子を残して』、あるいは『亡びぬものを』や『ロザリオの鎖』などは、個人的ことがらを記述したシリーズの部類に属します。『花咲く丘』も後者の部類に属していますが、かれはこの著書の冒頭では、「序にかえて」で、その著書の個人的性格が明確に記されています。彼は次のように記しているからです。

「浦上は四百年の昔からわが国にカトリックの教えが伝わるとすぐに全村カトリックとなり、そのまま今日に至るまで、純粋なカトリック集落として続いてきた。村人はその私生活においても社会生活においても、つねに神を生活の中心に仰いで生きている。ピカドンに対する反応、灰の中からの立ち上がりが、ほかの戦災地や人々とはおのずから異なるだろうと思われる。キリスト教文化こそは、新しい日本を立て直す上にいちばん役に立つと言われている今日、浦上の立ち上がる有様は、きっとみなさんの参考になるであろうと思って、私はこの『花咲く丘』を書いた」(『全集』、第一巻、141頁)。

永井がこの種の著書を公にしたのも、全く同じ意図のゆえであったことは、容易に想像できます。すなわちかれは、現実にこの浦上で繰り広げられていた惨事と復興の様子を正直に記すことによって、まずは浦上の人々に勇気を与えたい、というのが、かれの第一の目標だったことは、右の序文からも明白ではないでしょうか。

しかも永井は、自分の、浦上についての記述さえも、極めて不完全であることを十分に認めています。かれは次のようにも言っているからです。事実永井は、極めて狭い、空間の中で見聞したことだけを記していることを認めています。かれはこの点について、次のように正直に記しています。

「この本の中には、私個人のことが多く取り上げられているが、それは浦上人の一人としての私、この村の一つの見本としての私を書いたのである。この村の人は、それぞれ職業や境遇は異なるが、魂のありかたについては、だれを話の種にして書いても、似たりよったりである。だれかれに会うて、いろいろ話を聞いたり調べたりして書いたら、もっとよい本になったであろうが、何しろ狭い部屋に寝たきりの私なので、いきおい話の種は、身のまわりの事に限られる」（右同）。

このようなことを考慮すると、永井が一連の随筆風の諸著書で書いている題材が、長崎、しかも被爆で苦しんでいる浦上のカトリック信徒たちに限られていたことがよく理解できます。しかしこの事実は、同じような戦災に苦しんでいた他の都市や、他の被災者を無視したり、考慮しなかったり、あるいはかれらを排他的に考えていたからではなかったことも容易に理解されます。永井はむしろ、自分が直接に体験した浦上の惨事と復興の事実を通じて、日本全土の被害者たちに、そして全世界に向けて、戦争の愚かさと、空しさを訴えたかったのだ、とわたしたちは断言することができるでしょう。だから永井は、浦上の被爆の惨事を訴えることによって、尊い命をささげた他の多くの戦没者たちを無視したり、かれらを「犬死」になどと考えていたわけがありません。だからこそ永井は、最期まで世界平和を叫び続けたのです。

2　永井は「告白」（ゆるしの秘跡）を強調している

ここでもう一つの問題が浮上します。つまり、それでは長崎の、しかも浦上のカトリック信徒の被爆者でさえあれば、それだけで、神に嘉せられる「汚れなき神の子羊」として神に受け入れられたのか、という問題です。永井はこの点についてどのように考えていたのでしょうか。この問題は大変デリケートな問題ですが、先ほどご紹介しました、作家・井上やすし氏の疑問に答え、かつ永井の思想を十分に語るためには、どうしても避けては通れない問題だと思いますので、ここで言及しておきましょう。

永井は、何よりもまず、悲惨な原爆後の大きな苦難の道が、死、しかも十字架上での死に至るまで、わたしたちのために、徹底的に苦しみ抜かれたイエス・キリストへの模倣と深くつながっていなければならないことを指摘しています。かれは、『長崎の鐘』で、次のように述べています。

「日本人がこれから歩まねばならぬ敗戦国の道は苦難と悲惨に満ちたものであり、ポツダム宣言によって課せられた賠償は誠に大きな重荷であります。この重荷を負い行くこの苦難の道こそ、罪人われらに贖いを果たす機会を与える希望への道ではありますまいか。福なるかな泣く人、彼等は慰められるべければなり。わたしたちはこの賠償の道を正直に、ごまかさずに歩みゆかねばなりません。嘲られ、罵られ、鞭打たれ、汗を流し、血にまみれた、飢え渇きつつこの道をゆくとき、カルワリオの丘に十字架を担ぎ登り給いしキリストは、私共に勇気をつけて下さいましょう。

主与え給い、主取り給う。主の御名は賛美せられよかし。浦上が選ばれて燔祭に供えられたことを感謝致します。この尊い犠牲によって世界に平和が再来し、日本の信仰の自由が許可されたことを感謝します」（『全集』、第二巻、79―80頁）。

永井は『花咲く丘』で、わたしたちが本当に神に嘉せられるよき「いけにえ」となるためのもう一つの重要な条件として、わたしたちが罪の汚れから清められるべきことをあげています（『全集』、第一巻参照）。かれはこの著書で、罪のゆるしを得るために必要な「年のつとめ」について書いています。浦上の信徒たちは当然、この掟を忠実に守っていました。そこで永井は、「この村には昔から『年のつとめ』という大きな行事がある」、と書き始めています。しかも永井は、この「年のつとめ」について、「村人の信仰生活のうちで、恐らくこれが一番大切なまた一番心にかけている宗教上の行事であろう」、とさえ言明しています。それではこの「年のつとめ」とは何かについて永井は、「それは一年中の罪を痛悔し、告白して、その赦しを受け、ご聖体を拝領する行事である。公教会の六つのおきての中の第二は、『少なくとも年に一度は必ず告白すべし』であり、第三は『少なくとも年に一度はご復活のころに聖体を受けるべし』である。告白によって罪を赦されることや、聖体を拝領することは、信者に与えられたありがたい権利であって、このことが他の宗教では得られない慰めとなるので、改宗者はカトリックに一旦入ったら二度と飛び出さないであろう」、と明記しています。

しかし、もちろんすべてのキリスト信者が、この掟に忠実であったとはかぎりませんでした。永井はこの点について、「けれどもあまり熱心でない信者にとっては、告白が慰めとなる前に恐ろしいものに感ぜられるので、大きな罪を犯しておりながら、告白を一日延ばし二日延ばしに延ばして過ごす。大きな罪を犯したまま放っておくのは、神に背くことであるから、従って神のあらゆる恵みをこばむことになる。神と縁を切ったままで死んだならば、永遠の生命は得られない。人間というものは、いつばったり死ぬのかわからないものである。そこで教会は一年に一度の告白と聖体拝領とを義務として定めた。いわゆる魂の大掃除である。その時期は春の四旬節から復活祭にかけてである。……」（『全集』、第一巻、155頁参照）と記しています。

とは言っても、復活節の「年のつとめ」だけではなく、信徒たちはいつでも司祭に告白し、条件さえ適えられていれば、罪の赦しを得ることができます。もちろんいずれの場合にも、司祭によって命じられた償いの義務をはたすことは、罪の赦しをいただくための条件の一つであることは明白です。もちろん「年のつとめ」だけが、罪の赦しを得るために、信者たちに与えられる唯一の機会ではありません。キリスト者は、必要に応じていつでもこの秘跡をうけることができます。ですから信徒たちは、大事故、老衰、あるいは臨終に近い病人たちには、司祭を呼んで告白（赦しの秘跡）と「臨終の秘跡」（病者の塗油）を受けて、一生涯の罪の赦しを得て、生涯を閉じていました。だから永井は、臨終にある被爆者の信徒たちが、はたして「年のつとめ」を果たしていただろうか、あるいは何らかの形で、「罪の赦し」を受けるために司祭に来てもらえる余裕があったか否か、あるいは「完全な痛悔」の心をおこしていたかどうかについて心配しています（前掲同、150―153頁参照）。この問題について永井は、カトリック医師としての貴重な体験を次のようにも記します。

「私は医者だから、死にそうな患者に向かう場合があった。カトリックの信仰は死ぬ前に神父様を招いて、一生の間に犯した罪の気にかかるのをすべて告白して、神の前に憐れみと赦しを願い、終油の秘跡を受けることになっている。この世の生命よりも、永遠の生命を重くみているのだから、臨終の時には、医者よりも神父様の方を必要とする。それは息の切れる前に霊魂を潔めてもらわねばならなかったからです。それ故カトリック信者の病人に向かっては、予後が悪い、すなわち必ず死ぬという見通しの場合には、決してかくすことなく、死の近いことを知らせねばならない。一時の気休めのために、大丈夫ですよなどとごまかして、そのために患者が最後の覚悟もせず、神父様から終油の秘跡を受けずに死ぬと、医者は遺族から深く長くうらまれる。死ぬなら死ぬとあっさり知らせると、墓の向こうの生活を信じている患者は、一生の魂の大掃除をすることができて大層感謝をするものである。脳溢血や心臓麻痺やけがなどで即死すると、カトリック信者の場合には遺族が大変悲しがる。

こんな場合にはよく世間では、一つも苦しまずに死んだからよかったというが、カトリックでは、死ぬ前に苦しむことは罪の償いを果たす機会を恵まれたこととして感謝するのである」（前掲同１５３―１５４頁）。

このような事情でしたから、永井が記しているように、「原子爆弾の時には焼け跡に骨だけが見つかった者が多かったので、その最後がどんなふうであったかを知るよしもありませんでした。そこで、この村人が骨を拾いながらもらした独言は、きまって、『痛悔を起したであろうか？　……』、という」一言であったことは、容易に想像できます。

永井とて例外ではありませんでした。被爆の瞬間からかれは、家を守っていた妻の安否が一番心配だったはずでした。しかし自ら大負傷を負い、しかも建物の下敷きになったり、道端に倒れて一杯の水を求め、助けを求めていた無数の患者たちを無視することができず、かれがようやく我が家に辿り着いたのは、かれの『亡びぬ者を』（『全集』、第三巻、４９９頁参照）によると、原爆投下から三日後だったようです。かれはすぐに妻を捜します。もちろん生きているなどと期待しているわけではありません。永井は、そのときのことを、「我が家の焼け跡に帰って、台所の在ったところに妻の骨を見つけ、やはり同じことを考えた」と記しています。かれはそのときの状況について次のように書き記しています。

「――告白を済ましていたのか？――痛悔を起こす暇があったか？」
「骨に向かってしきりに心の中で問うた。
もの言わぬ骨の灰の中から拾い集めていたら、手の骨にもつれて銀の鎖が出た。それはロザリオの玉のみ焼けて鎖だけが残ったものであった。――

この鎖を見た時、わたしはすっかり安心した。家の下敷きになって焼け死のうとする時、帯の間からロザリオを引き出して、一珠でも二珠でも、とにかくあの『天主の御母聖マリア、罪人なる我らのために、今も臨終の時も祈りたまえ』と祈ったにちがいなかった。煙に巻かれ、まさに絶えようとする生命の吐く息は、この祈りを伴って妻の口から出たのであろう……」（『花咲く丘』、『全集』、第一巻、154―155頁）。

3　永井の信仰的確信

いかに永井が、「赦しの秘跡」に対して深い信仰をもっていたとしても、今回の講演の冒頭で紹介したように、被爆して息絶える人々を、「汚れなき神の子羊」に譬えるのは、あまりにも誇張しすぎるのではないか、という反論も当然ながら予想されます。しかしわたしたちがここでよく注意しなければならないことは、永井はかれら被爆者たちを、「殉教者」、「聖者」、あるいは今年長崎で盛大に行われた「福者」として宣言しているのではありません。そのような宣言は、個人的信仰や宣言で公的に成立するものではありません。それはキリストの代理者としての教会が、長い祈りと、厳しい調査の上で、公的に宣言するものです。永井はこのことを十分に知っていましたから、かれにそのような意図があったとは絶対に考えられないことです。しかし被爆時に、永井が直接に、しかも生々しく体験したいろいろの事実は、永井をして、かつて、罪を償うために献げられていた「汚れなき子羊」の「いけにえ」を連想させたのでしょう。この事実は、永井の深い信仰に由来するものでした。わたしたちはこの点について考えを深めるために、最期に「赦しの秘跡」を求め続けていた被爆者の立場と、かれらの望みに応えようと奔走していた司祭たちの両面から、『花咲く丘』から、抜粋的に拾い読みしてみましょう。

A　司祭を待つ被爆者

永井は、『花咲く丘』で、臨終の極みにあって、「赦しの秘跡」を授けてくれる司祭の到来を待ち続けていた信徒たちの様子を次のように描いています。

「村中に臨終のけが人がたくさんころがってもだえていた。この人々は息を引き取る前にぜひ神父様に会い、最後の痛悔をし、終油の秘跡を受けたがっていた。医者を求める声よりも、神父様を呼ぶ叫びの方が多かった。歩ける者はすぐ天主堂に駆けつけたが、今言ったように神父様はすでに自分の魂を神の手にゆだねてしまっていた」（前掲同156―157頁）。

浦上天主堂の神父たちについて永井は、すでに申しましたように、次のように記しています。

「原子爆弾の破裂した、ちょうどその時、浦上天主堂では告白の行われている最中であった。大きな赤煉瓦造りの天主堂は一瞬につぶれた。あとで片づけてみると、主任司祭の西田神父様の死体は天主堂と司祭館の間にみつかった。若い玉屋神父様の死体は告白部屋で見つかった。たくさんの信者の死体もその辺りにつぶれていた」（前掲同156頁）。

わたしは今回の講演の冒頭で、原爆投下当日、工場に動員されていた純心の学徒たちの痛ましい死について語り、彼女たちについて永井が「燔祭の炎のなかにうたいつつ、白百合少女燃えにけるかも」、と詠ったことについて話しました。永井は、被爆の犠牲となって、しかも最期まで、祈り、聖歌を口ずさみながら息を引き取り、ついに校庭で荼毘にふされていく若き学生たちの死をもって、旧約の子羊のいけにえを連想したのです。

しかしこのような状況で、同じ感動を覚えたのは、永井だけではありませんでした。ここで、永井とは直接には関係ありませんが、原子爆弾投下の直後、長崎純心の学生たちを収容した諫早市長田国民学校の関係者が、純心の初代学園長・江角ヤス先生に宛てた手紙をご紹介しましょう。この手紙は、被爆後三十五年目に送られてきたことから、「三十五年目の手紙」として知られています。ちなみにこの手紙は、昨年（二〇〇七年）、ブリックホールで開催されたわたしの「教皇ベネディクト十六世の『世界平和メッセージ』解説」の講演の折に、同僚の作曲家・小畑郁男先生の作曲・指揮、純心中学・高校のコーラスに、専門のピアニストや歌手の協力を得て発表され、好評をえました。

「三十五年目の手紙」は、次のように綴られています。

「暑中お見舞い申し上げます。実は私先生とは一面識もないものです。毎年原爆記念日が近づきますと思い出しますが貴校女生徒達の行動に感動したことで御座います。或いは貴校の記録にも全くなく又先生方も御存じないと思いまして、教育資料の一端にでもして戴ければと存じ筆を執った次第です。

昭和二十年八月十日又は十一日（記憶が薄れてはっきりしません）貴校被爆女生徒十数名、諫早市長田国民学校に収容いたしました。はじめは全然存じませず一般被爆者と共に各教室板の間にごろ寝させて看護に当たったと思います。当時学校体育の先生だったと思います徳永義男先生（死亡）が、純心女生徒の収容されていることを話され、十数名のことだから別室に一緒にして貰えないかとご相談を受けました。

各方面の方々と相談の結果、校舎同棟の青年学校裁縫室に一緒にしようということに決まり、その様に手配いたしました。ご承知とも存じます。その当時、私達の学校では二百名近くの収容でしたので、婦人会・女子青年総がかりで看病に当たりました。ところが、被爆者は真に悲惨で御座いました。全身焼けただれた者、頭蓋骨がわれて血のふき出る者、目の中にガラス破片の入っている者、胸部が何によってか穴が出来て血の出る者、骨折した者、発狂した者、苦しみあばれだす者、水を要求する者、顔面のただれた皮膚の下に蛆のわいた者。

種々雑多で「あびきょうかん」とはこんなことの形容だろうかと思いました。全くの地獄図絵です。それが一室だけでなく、全部の教室がそのようでした。ところが一度青年学校裁縫室に一歩足を踏み入れますと別世界です。付添の年若い先生（今では六十歳近いと思います）の指導が極めて適切であったことにもよりますが、日頃、学校の宗教教育が徹底していた結果だと、その時痛感いたしました。どんなに苦しかったことでしょう。叫びたかったでしょう。水をほしいと訴えたかったことでしょう。ところがこの教室では小さいうめき声はきこえても、真に静寂でした。

若い付添の先生は、『お祈りしましょう』と皆さんを引き立て神の御名を呼び、お祈りすることに一心でした。口に言えませんが、宗教教育の徹底を、感激の眼を以って私はみつめたものです。

この事実を私はどうしてもお伝えしたかったものですから、乱筆乍ら、御連絡申し上げた次第です。

氏家さんが亡くなられて、別の遺体安置室にお移ししたこと、其他思い出すと、きりがありません。

被爆三十五周年を迎え、私も古希を過ぎ、この純心の年若い女生徒たちの殉教にも近いあの数日間のことを是非校長先生に知って戴きたかったものですから失礼いたしました。其の時の付添いされた女の先生は幼稚園の保母をして居られると聞いて居ります。

原爆記念日を前に、禿筆をお送りしました。

敬白

昭和五十五年八月五日

永江又三郎

純心学園長
江角ヤス先生

しかし永井は、当時長崎にあった、純心のほかにもう一つのカトリック女学校、すなわち常清女学校についても、実に感動的に語っています。この女学校は、幼きイエズス会（現ショファイユの幼きイエズス修道会）によって経営されていました。現在はカトリック・センター横で、幼児教育に携わっていますが、被爆当時は、校長以下ほとんどの教員は修道女たちでした。永井は、この学校の修道女たちの最期について、『この子を残して』で次のように書いています。

「常清女学校のほうも同じ最期だった。ここでは二十七人の修道女職員が天に召された。その夜私は教室の小笹君たちを患者の手当てに出したが、その話によると、女学校から東のほう二百メートルの川端に真夜中幾人かの合唱するラテン語の賛美歌が続いたり絶えたり聞こえていたそうです。夜が明けてみたら修道女がひとかたまりになって、冷たくなっていた。……ゆうべの賛美歌はこの修道女たちが歌っていたのであろうか？　それとも霊魂を迎えに降りてきた天使の群が歌っていたのであろうか？　……そう思わずにはおられない。きよらかな死に顔が並んでいた」(『全集』、第一巻、23頁)。

ここで言われている「ラテン語の賛美歌」は、間違いなく、神を称え、感謝を表現するカトリック教会の賛美歌です。それは決して流行歌や演歌などではありません。修道女たちはまさに瀕死の状態にあって、しかししっかりと手に手を取り合って、神への信頼のうちに神を称え、罪の赦しを乞い求めながら、聖歌を歌い続けていたのでしょう。彼女たちもどれだけ、司祭の到着を待ち焦がれていたことでしょう。

このように罪の赦しを願い、司祭を求めながらも叶えられないまま死を迎えた人々も無数にいたはずです。永井はその一例として、『花咲く丘』で、次のような出来事を記しています。

「教会を離れてからの生活が社会的には成功であったと認められていたから、今になってはかえってその間に犯した数々の悪企みや道ならぬ楽しみや、飽くことを知らなかった欲望が心を切りきざみ、引き裂くほどの苦しみを伴って思い出された。——こんな大罪を幾つも持ったまま死んだら、キリストの前で、どんな恐ろしい裁きを受けるかと考えると、考えただけで身の毛がよだった。どうしても死ぬ前に神父様にお目にかかって告白をしたくなってきた。それで浦上に帰る信

者があったら、ここに倒れていたことを教会に連絡して欲しいと頼むのであった。村人は彼をやさしく慰め、勇気をつけ、

『神父様を見つけて、ことづけをして上げます。けれども、こういうひどい日ですから、教会もどうなったかわかりません。神父様が間に合わなくても、心から痛悔をしたならば、神様のお憐みによって、一生の罪は赦されますよ。気を落とさないで痛悔の祈りを唱えなさい』『――ところがもう何十年も祈りをしないものだから、痛悔の祈りも忘れてしまいました。――アヴェ・マリアの祈りだけは憶えていますが』『それでいいのです。その祈りを心の底から繰り返し繰り返し唱えなさい。ここに私のロザリオがありますから、これを上げましょう。ロザリオの祈りなら憶えているでしょう?』

『おお。ロザリオ――』

老人のやけどをした顔の中に、二つの目がかっと見開いた。やがてロザリオを見つめているその目に涙が洗い始めた。べろべろに皮のはげた目尻に涙が痛ましく流れ続けた。村人はそれをじっと見ていたが、見る見るうちに眼は潔められて輝き出すように思われた。

村人が目をその男の胸の上に移すと、そこには細い青い木の枝を折って十字架に組み合わせ、身にまといついていた着物から引き抜いたらしい糸で結んで、形

ばかりの手作りの十字架があった」（前掲同159―160頁）。

B　東奔西走する司祭たち

だから原爆投下のときには、信徒たちは神父が来られるのを願い求め、神父たちはいっせいに被爆者たちを捜し求めて、かれらに「赦しの秘跡」、あるいは「病者の終油の秘跡」を授けて死を準備させています。永井は、当時の状況について、「いまだ火が燃えている最中に飛び込んで来た神父様たち――それは黒崎、出津、大浦、本河内などの神父様方で、浦上に大きな火の手が上がるのをはるかに見ると、すぐ聖油と聖水と薬とをもって飛び出してきたのであった」（前掲同157頁）と記しています。

永井は、司祭を求める被爆者と、かれらに罪の赦しを与え、霊的な救いの手を差し伸べることのできる司祭たちとの出会いについて、実に感動的に、次のように記しています。

「肉体の傷の痛みは激しいけれども、霊魂の傷の痛み、すなわち罪による良心の苦しみにくらべたら問題にならない。肉体の死に対する不安は大きいけれども、霊魂の死に対する不安の大きさには比べものにならない。霊魂の訴える渇きはまだまだ深刻である。霊魂の血を洗い清め、その傷を塞ぎ、痛みを止め、それに永

<table>
<tr><td>書　名</td><td colspan="4"></td></tr>
<tr><td rowspan="2">お買上
書　店</td><td rowspan="2">都道
府県</td><td rowspan="2">市区
郡</td><td>書店名</td><td>書店</td></tr>
<tr><td>ご購入日</td><td>年　月　日</td></tr>
</table>

本書をどこでお知りになりましたか？
1.書店店頭　2.知人にすすめられて　3.インターネット（サイト名　　　　　　　　　）
4.DMハガキ　5.広告、記事を見て（新聞、雑誌名　　　　　　　　　　　　　　　　）

上の質問に関連して、ご購入の決め手となったのは？
1.タイトル　2.著者　3.内容　4.カバーデザイン　5.帯
その他ご自由にお書きください。
（　　　　　　　　　　　　　　　　　　　　　　　　　　　　　　　　　　　　）

本書についてのご意見、ご感想をお聞かせください。
①内容について

②カバー、タイトル、帯について

弊社Webサイトからもご意見、ご感想をお寄せいただけます。

ご協力ありがとうございました。
※お寄せいただいたご意見、ご感想は新聞広告等で匿名にて使わせていただくことがあります。
※お客様の個人情報は、小社からの連絡のみに使用します。社外に提供することは一切ありません。

■書籍のご注文は、お近くの書店または、ブックサービス（0120-29-9625）、セブンネットショッピング（http://7net.omni7.jp/）にお申し込み下さい。

郵便はがき

料金受取人払郵便

新宿局承認

2523

差出有効期間
2025年3月
31日まで
（切手不要）

160-8791

141

東京都新宿区新宿1－10－1

(株)文芸社

愛読者カード係 行

ふりがな お名前		明治 大正 昭和 平成 年生 歳		
ふりがな ご住所	□□□-□□□□		性別 男・女	
お電話 番 号	（書籍ご注文の際に必要です）	ご職業		
E-mail				
ご購読雑誌（複数可）		ご購読新聞 新聞		

最近読んでおもしろかった本や今後、とりあげてほしいテーマをお教えください。

ご自分の研究成果や経験、お考え等を出版してみたいというお気持ちはありますか。

ある　ない　内容・テーマ（　）

現在完成した作品をお持ちですか。

ある　ない　ジャンル・原稿量（　）

遠の生命を与える特効薬――終油の秘跡を授ける霊魂の医者たる神父様の姿を目の前に見出した信者の喜びはどんなに大きかっただろう。神父様はけが人の頭をやさしく膝の上に抱き上げ、手早く傷の手当てをしながら、霊魂の不安を取り除くために、神の愛について話して聞かせ、必ず霊魂は救われるから、息の絶えるまでつつましく祈りを続けるようにすすめ、それから告白を聞いて、神のみ名によって罪の赦しを与え、目や口や鼻や手や足などに聖油を塗って、豊かな神のお恵みを祈った。

こうしてたくさんのけが人は、臨終の苦しみを罪の償いとして喜んで耐えしのびつつ、霊魂の平安を保ったままこの世を去った。霊魂の離れて行ったなきがらは両手を自分で組んで、顔には清らかなほほえみを残していた」（前掲同１５７頁）。

以上のように永井は、原子爆弾投下による直接的な被害の中には、自分の不幸を嘆き、戦争を呪い、人々を恨んで死んでいった人々もいたでしょうが、しかしその反面、自分の罪を心から改心し、被爆による筆舌に尽くせないほどの苦しみ、一生の間に神と隣人に対して犯した罪の償いとして献げ、神への賛美の歌をさえ口ずさみつつ生涯を閉じた多くの人々がいたことを、十分に見聞きして知っていました。この事実は、キリスト教的信仰なしにはとうてい理解できることではありません。しかし信仰の人・永井隆は、ここに、人々の罪を償うために「いけにえ」として供えられていた旧約のかつての「清い子羊」を思い、旧約のいけにえの完成であり、その完全なる成就であるイエス・キリストの十字架上での「いけにえ」、そしてわたしたちによって継続されるべき「十字架」との一連の神秘的なつながりをしっかりと読み取っていたのでしょう。このように永井の信仰が、冒頭でご紹介したような「いけにえ論」となって表現されているのではないでしょうか。かれの言葉はたしかに、自然的に考えて誇張的に聞こえないでもありませんが、かれの深い信仰から自然にほとばしり出る言葉としては、当然である、とも言えるでしょう。わたしたちはここに、永井の深い信仰の一端を垣間見る思いがして、感激と感動を覚えます。

二〇〇八年（平成二十年）十二月七日

於　長崎市立図書館

第三章　永井隆の平和論

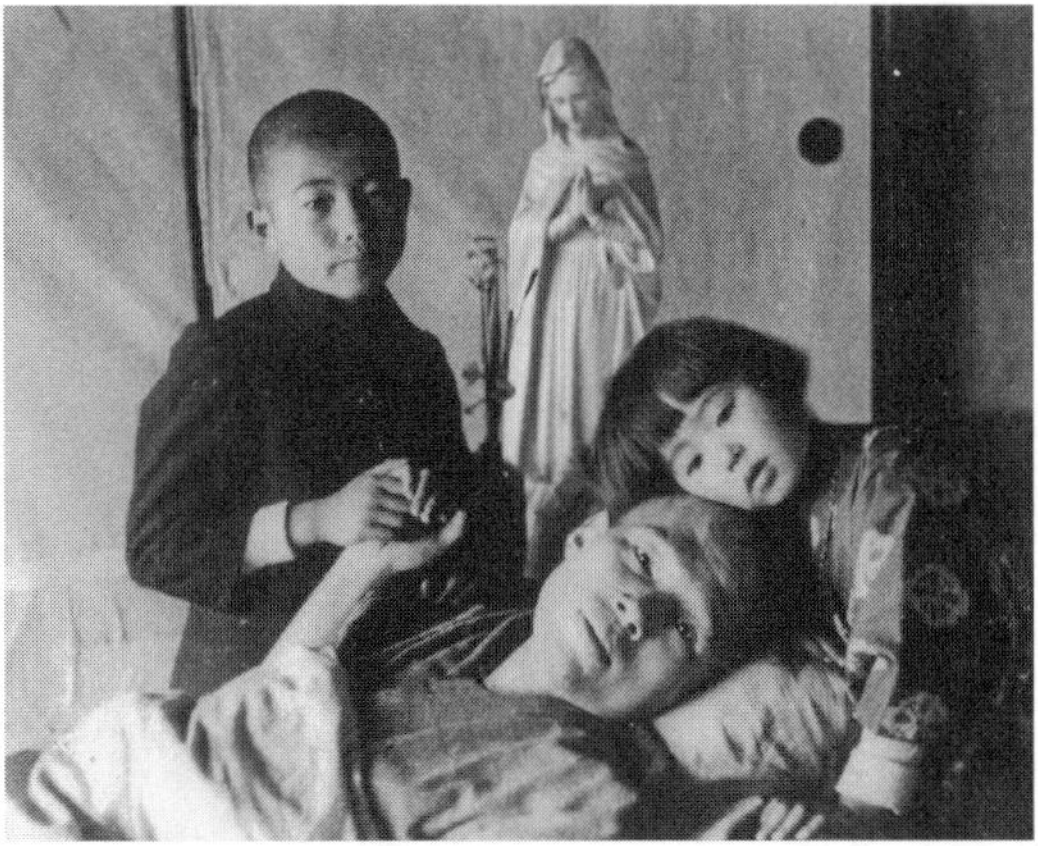

世界平和・家族

永井批判の一つの焦点が、かれの平和論についてであることを、多くの方々は不思議に思われるでしょう。ほとんどの人々が、「永井隆」と言えば、すぐに「世界平和」を連想するからです。永井隆博士の生誕百周年を記念して計画された「永井隆博士の思想を語る」の連続講演会も、今回をもって終了いたしますが、わたしはこの最後の講演で、「永井隆の平和論」について取り扱いたいと思います。

今日の講演で、わたしはまず、永井がなぜ、あたかも非平和主義者のように批難されるのか、その根拠について考察し、ついで、それでは、かれが最期まで説き続けた「世界平和」とは何だったのかについて議論を展開したいと思います。

I　永井の平和論についての論争

永井が、なぜ平和論について、厳しく批難されているかについて、結論的に答えると、それは、わたしたちが第一回目の講演でテーマにしました、かれのいわゆる「摂理論」にその原因があります。早速わたしはまず、永井の平和論について批判的な方々の考えをご紹介することから始めることにします。

1　永井の平和論への批判的意見

ここでは、永井の平和論に異論を唱える、田所太郎氏、井上ひさし氏、そして高橋眞司教授のお三方にご登場を願って、かれらの言葉を聞くことにしましょう。

A　田所太郎氏の批判

この問題について、批判の矛先を向けた一人は、田所太郎氏ではなかったでしょうか。とは言っても、わたしは、残念ながら田所氏についての直接的な資料を持っていませんから、これは歴史研究家でもある、長崎純心大学学長・片岡千鶴子氏の記述をそのまま引用させていただきます。片岡は田所氏について次のように記しています。

「昭和四十年『朝日ジャーナル』誌が『戦後のベスト・セラー物語』を連載したとき、その第七回目に永井隆の『この子を残して』が取り上げられ、図書新聞社長の田所太郎氏が、執筆を担当した。

氏はサブ・タイトルを『平和につながらなかった原爆』とあげて永井隆の文筆活動が平和運動に貢献しなかったとし、それは永井隆が『原爆を犠牲、神の摂理』として原爆に抵抗を示さなかったからであるとしている」（片岡千鶴子、留

美子編・著、『被爆地長崎の再建』、62頁、長崎純心大学博物館）。

B　井上ひさし氏の批判

作家・井上ひさし氏は、『ベストセラーの戦後史1』（文藝春秋社）で、永井が、原爆の被害を、神の摂理を楯に、原爆投下の当事者であるアメリカと大日本帝国の最高指導者たちの追及に言及せず、完全な沈黙を守っていることを、次のように指摘し、批判しています。

「なんの因果でこんな死に方をしなければならぬのか。いったい誰が悪いのか。アメリカか。それとも国体護持にこだわってポツダム宣言の受諾をおくらせていた大日本帝国の最高指導者たちか。そんなことを詮索しても仕様がない。それもこれも神の摂理なのだから。――という具合に、神の摂理を持ち出せば人間世界から責任者を出さずにすむわけだ。為政者にとってこんな都合のいい話はない。そこで占領軍の検閲からこの『長崎の鐘』だけは免かれたのではないかと筆者には思われるのである」（62―63頁）。

C　高橋眞司教授の批判

永井の平和論について、いちばん具体的に論じているのは、元長崎大学教授、高橋眞司氏です。かれは『長崎にあって哲学する　Ⅰ』、の浦上燔祭説の「歴史的意義」についての記述で、次のように述べています。ここで原文のままご紹介しましょう。

「浦上燔祭説の歴史的意義として、何よりもまず、二重の免責ということがあげられる。長崎への原爆投下がもし神の摂理によるのであれば、無謀な十五年戦争を開始遂行し、戦争の終結を遅延させた、天皇を頂点とする日本国家の最高責任者たちの責任は免除されることになる。同様に、原子爆弾を使用したアメリカ合衆国の最高責任者たちの責任もまた免除されることになる。永井隆は『ロザリオの鎖』や『長崎の鐘』（日比谷出版社一九四九年一月）が公刊されたとき、そこに盛られた浦上燔祭説がこうして責任の追及を封ずることになるのを自覚していた、と私は思う。『何が私たちをこんな涙と灰の谷に突き落したか』を問うて、かれはこう答える。『あの美しかった長崎を、こんな灰の丘に変えたのはだれか？――私たちだ。おろかな戦争を引き起した私たち自身なのだ。あの活気にあふれていた町を、大火葬場にし、いちめんの墓原にしたのはだれか？――私たちだ』（「長崎の鐘由来」）。原爆投下の責任と、原爆投下を招来した日本の侵略戦争開始遂行責任の追及を、永井隆はこのようなレトリックを用いて封殺しているのである。戦争責任、そして原爆投下責任というすぐれた政治的な問題に、永井隆は非政治的接近をこころみて、それらの責任を免除しようとしたと言わなければならない。ここで非政治的接近というのは、天主堂の鐘やロザリオの鎖に象徴されるカトリック信仰（Catholicism）と、『この子を残して』、『いとし子よ』等の『父性愛記』、お涙頂戴のセンチメンタリズム、の二つである。『占領軍に対して破壊的な批判を加えたり、同軍に対し不信や怨恨を招くような事情を記載してはならぬ』と規定したプレス・コード（一九四五年九月十九日指令）下にあって、原爆被災にかかわる報道および調査研究が禁止されていた時代に、永井隆は占領軍および戦後日本の支配者層によって意図的・政治的に引き立てられ、『一躍ジャーナリズムの寵児』（式場隆三郎）になったのである」（２０１―２０２頁）。

さて、以上三名の批判者たちの理論に共通することは、ＧＨＱ支配下の出版物に関する厳しい検査や、当時の国内の経済的困難な状況下にもかかわらず、永井は、自分の著書の出版の許可を得るために、神の摂理という便利なカトリック的教義によって、アメリカ軍部、及び天皇を頂点とする日本最高軍部の責任追及を逃げた、とかれを糾弾していることです。ご指摘のとおり、わたしが永井の著書を通読したかぎり、かれの著書には、日本最高軍部やアメリカ、あるいはGHQへの批難の言葉は読まれません。そこで、なぜかれが、日本軍部の最高責任者や、原爆を投下したアメリカを糾弾し、その責任を追及しなかったのか、と問われるのも、ある意味では当然です。だからわたしたちは、以上三名の永井批判者たちの言葉を真摯に受け止め、かれらの疑問に、できるだけ客観的に答えるように努めなければなりません。そこで以下わたしは、永井の著書を通して、かれがなぜ戦争責任者を追及していないのか、次いで、永井は事実、当時の厳しい占領軍からのいかなる妨害や影響も受けなかったのかについて考察していきたいと思います。前者については、「永井の執筆活動の目的」として、そして後者については、「『長崎の鐘』と『マニラの悲劇』」と題して、以下考察しましょう。このような考察は、たしかに、少々乱暴で、批判者たちに対する、綿密な反論にはならないかもしれませんが、ここで一つ一つの問題点を、詳細に検討する余裕がありませんので、ご了承いただきたい、と思います。

2　永井批判に答える

A　永井隆の執筆活動の目的

永井の著書に、原爆投下の当事国であるアメリカや、当時の、天皇を頂点とする大日本帝国の最高軍部に対する批判が読まれない事実については、批判論者たちの指摘をまつまでもなく、わたしはこれを全面的に認めます。しかしだからといって、かれを反平和論者の立場に立たせることは、極論だと言わざるをえません。

そもそも永井は、戦争責任者を明確にし、何らかの復讐を期待して、多くの著書を著したのではありません。永井は『長崎の鐘』で、「じゃ、日本は負けっぱなしですか?」という問いに対して、「神の言に『復讐は我に在り、我報ゆべし』とあります。地上の戦争の勝負とは別に、神の目から見て不正義のほうを神が罰し給うのみ。復讐という問題はわれわれの範囲ではありません」、と言明しています。しかし永井は、「それじゃ、僕らの生きてゆくこれからの道は何ですか?」という再質問には即答せず、「それを発見するために、わたしはこうしてこの壕舎に座って考えているのです。なかなか見つかりません」、と答えています(『全集』、第二巻、76頁参照)。

洋の東西を問わず、歴史上には、たしかに「復讐」を美化するような思想が説かれ、実践された時代もありました。しかし復讐はまた次の復讐を呼び、決して終結したことがありません。復讐が、いかに正義の名のもとで行われようとも、それがさらに大きく、もっと激しい次の復讐の原因となって、終わることはできないからです。熱心なカトリック信徒だった永井はきっと、「あなたがたも聞いているとおり、『目には目を、歯には歯を』と命じられている。しかし、わたしは言っておく。悪人に手向かってはならない。だれかがあなたの右の頬を打つなら、左の頬をも向けなさい。……」（マタイ5：38—43参照）、と仰せられたイエスの教えを熟知していたはずです。このイエスの言葉で、わたしたちが注意して読まなければならない点は、「あなたがたも聞いているとおり、『目には目を、歯には歯を』と命じられている。しかし、わたしは言っておく。……」、と言われたイエスの言葉の意味についてです。「目には目を、歯には歯を」と言えば、ほとんど人々はこれを復讐の掟だと考えがちです。しかし、これは元来、「他人に与えた危害に対しては、それ相応の償いをしなければならない」、という償いを果たすべき義務を命じた掟でした。つまり誰かの歯を痛め、目を傷つけるような危害を加えたならば、そのような危害に十分な贖いを果たすべきであるという意味でした。しかしイエスの時代には、この真意が失われ、むしろ復讐を肯定するかのような意味に理解されていたのです。だからキリストは、「しかし、わたしは言っておく。……」、と言葉を続けて、そのような誤解を訂正しておられるのです。

全く同じ意味で、キリストは、「あなたがたも聞いているとおり、〝隣人を愛し、敵を憎め〟と命じられている。しかし、わたしは言っておく。敵を愛し、自分を迫害する者のために祈りなさい。あなたがたの天の父の子となるためである。父は悪人にも善人にも太陽を昇らせ、正しい者にも正しくない者にも雨を降らせて下さるからである。自分を愛してくれる人を愛したところで、あなたがたにどんな報いがあろうか。……」（マタイ5：43―48参照）、とも仰せられています。

永井が、このようにキリストの教えを実践し、復讐の心を念頭においていなかったからこそ、かれは、病床に伏したままの不自由な状態で、あれほどの多くの著書を著しながらも、戦争責任者を追及することもせず、また「復讐」の一言も書いていないのではないでしょうか。しかし批判論者たちは、永井が、それほどの肉体的・物理的な困難の中で、それだけ活発な執筆活動をするのであれば、戦争責任の追及をこそすべきではなかったのかと再び反問するかもしれません。そこでわたしたちは、少し視点を変えて、永井のまさに驚異的な執筆活動の動機が何であったかについて、少し考えてみましょう。

皆さんは、あるいはがっかりなさるかも知れませんが、永井の執筆活動の第一の動機は、極めて常識的であり、現実的であったと、わたしは考えています。永井は『平和塔』で、式場博士の温かい励ましと協力のもと、著作の勉強を初歩から系統立ててやりなおし、出版物の世界に顔を出せるようになったことを告白していますが、しかしその動機については、「私の著述は趣味のためにやるのではない。病のために大学のほうは休職となり収入の途も絶えたから、このペン一本で生きてゆかねばならなくなっていた。武士は食わねど云々の時節は過ぎたといって、ただ寝ていて世の同情にすがる物ごいに落ちては、わが子のためによくない。足は立たなくても、まだ手は動く。手の動く限り字は書ける。たとえ一行書いては呼吸をととのえ、一節終わるごとにペンを置き、腕をマッサージしながらでも、とにかく原稿を書くことはできるのだ。原稿料稼ぎにペンをとる、とさげすむ人は勝手にさげすむがいい」（『全集』、第一巻、311―312頁参照）、と書いています。

しかし永井はもちろん、自分の家族の生活費を稼ぐためにだけ、ペンを執ったわけではありません。かれは、かれの著書が、祖国復興への一助ともなれば、という願いをも持っていました。事実、かれの著書が売れるようになると、かれの考えも、もっと大きく広がります。かれは、「この原子荒野を美しい町に再建するためには、とにかく稼がねばならぬ。第一次大戦の後のドイツがあんなに早く復興したその資金の中には、科学者がすぐれた著書を出して、そ

永井千本桜（永井隆記念館提供）

れを輸出して得た金や、外国での出版権利金や翻訳権利が大きな役割をしたことを思いだす。祖国再建のためには著述家は国民文化の向上を目的としてペンをとる一方、この外国読者層を目当てとした書物を書く義務がある」（前掲同）、とも書いています。かれのこの言葉は、後で出版からの印税を、長崎市や浦上天主堂の復興のために惜しみなく寄贈した多額の寄付、そして長崎市民に、生きる希望を与えるために植えた桜の木の苗の購入のために惜しみなくつぎ込んでいる事実からも証明できます。このことはだれも疑うことのできない事実です。

永井が執筆活動に励んだもう一つ大切な動機に、被爆地の科学者としての使命感があったことも忘れてはなりません。永井はまず、原爆投下直後の八月十二日、三ッ山町木場におもむき、救護班を設けて二百二十五人の原爆傷病者を救護しますが、かれ自身も、右側頭動脈を再び切断し、出血多量のために倒れて失神し、危篤に陥って救護班を解散しています。しかしその一週間後、奇跡的に危篤状態を脱すると、すぐ浦上に帰り、ひと坪のバラックで、『原子爆弾救護報告』を、長崎医科大学物理的療法科に提出しています（『全集』、第一巻、６１０―６８８頁参照）。

永井はまた、『平和塔』でも、謙遜し「私は文章が拙い、文学には素人である」と断りながらも、「しかし原子爆弾現地報告というのは、世界中で長崎と広島とからしか出ないのだから、この点では海外読者層に迎えられる資格のある独特の著述を成し遂げ得るはずだ。私はここを狙っていろいろの角度から「原子もの」を取り扱った。すべて体験を基とした生きた原子ものである。生血を吸った文字である」、とも断言しています。

そして永井はさらに、彼が執筆活動を続けた理由について、次のようにも書き綴っています。

「もともと私は原子医学を専門に研究していた。ラジウム放射線を使って仕事を続けている。その放射線によって健康をそこなわれて、いわゆる原子病にかかることがある。多くの先輩がそのために死んだ。しかし、その犠牲は無駄ではなく、彼らの命がけの研究、捨て身の勉強によって、わずか五十年の間に原子学は今日の隆盛をもたらした。ついに原子核の人工破壊に成功し、それが実験室を出て実地に広く用いられるに及んで、原子病患者もまた実験室内のみでなく、一般市民の中にも多く現れるにいたり、原子時代に入るとともに、原子病なる新しい病気が大きく浮かびあがってきた。いまや原子病のあらましは、社会人の常識としてぜひ知っておかねばならぬものの一つになったようである。私は式場博士の友愛に報いるために、筆を新たにしてこの原子病概論を書こうと思い立った。わたし自身がその原子病におかされて床にいるのだから、これまた生血の通った記録である」（『全集』、第一巻、312―313頁）。

このように、永井自身の言葉を拾い読みするだけでも、わたしたちは、医学者、科学者としての体験事実を、是非とも後代に書き残したい、という強い使命感が、かれをして、病身も省みず、実際的体験を基に書き続けさせた、と理解することができます。厳しい永井批判者の一人である井上やすし氏さえも、この点に関してだけは、「いかにも科学者らしい客観的な筆使いで正確に長崎の惨劇を写しとっており、二、三の個所を除くという条件つきで、内容、文章ともに第一級の記録だといってよいと思う」（『ベストセラーの戦後史1』、61頁）、と評価しています。

B 『長崎の鐘』と『マニラの悲劇』

では、永井の著作には、当時厳しかった、GHQからの、いかなる影響もなかったと言えるでしょうか。かれが戦争責任について一言も言及していないのは、当時のGHQからの厳しい批判と、著書の出版禁止を恐れての、安易な妥協ではなかったのだろうか、という問題については、かれの代表作の一冊である『長崎の鐘』を例に、もう少し詳細に考察しなければならないと思います。

先ほどわたしは、永井の活発な執筆活動の目的について述べたとき、その目的の一つに、科学者としての使命感が大きかった、と申しました。永井の執筆活動における科学者としての使命感は、実は、今回わたしたちが問題にしている「世界平和論」と、表裏一体をなしています。かれは、病床に伏したままの不自由な状態で、ただ被爆の惨事を伝えるためだけではなく、さらにその科学的裏づけをもって、戦争の惨めさと、武力によって平和は決してもたらされないことを実証しようと努力したからです。それだけに、かれが『長崎の鐘』の出版に当たっていだいていた情熱と期待感には、並々ならぬものがありました。永井は『平和の塔』で、『長崎の鐘』の出版について、その使命感と、期待感を、次のように表現しています。

「『長崎の鐘』――これこそは私の最初の文章であり、最期の著書、主著である。発行された暁にはさぞいろいろの問題を提供するであろう。その中にこめられた永久平和の悲願はきっと読者の胸に科学的裏づけを持って理解してもらえるであろう。その後、私の著書がいくつか世に出たが、私の主著はこの原子爆弾記録『長崎の鐘』である。これが世に出て日の目を見ぬうちは、私は目をつぶらぬ、つぶれぬ……」（『全集』、第一巻、３１１頁）。

しかし、かれの、まさに悲願であったこの『長崎の鐘』は、脱稿から出版（昭和二十四年、一九四九年四月）までに、二年半もの年月が経っています。永井はその間、途中で、出版を諦めかけたときもあったようです。もちろん終戦直後のことですから、まずは印刷用紙不足の問題も深刻だったでしょうが、やはり当時アメリカの占領下にあった日本の言論・出版界は、ＧＨＱの厳しい審査を経なければならなかったことが、たしかにその大きな障害となっていました。

このような時代的情勢の中で、永井の『長崎の鐘』が出版されたのは、むしろ異例と言えるほど早かった、とさえ考えられます。そこで、永井批判論者たちが、永井の『長崎の鐘』の出版に関して、異口同音に主張していることが、二点あります。その第一点は、このような印刷用紙不足の時期に、ＧＨＱから用紙が原価で提供されていることです。そして第二点は、『長崎の鐘』の初版に、『マニラの悲劇』が、特別付録として末尾につけられていることについてです。しかもこの二点は、不可分離的に、深くかかわっている、という疑惑です。

前者の印刷用紙が、ＧＨＱからの原価で提供されたことは事実です。だからこの事実から、次の疑惑が浮上します。すなわちそれは、当時のＧＨＱが、この貴重な出版に欠かせない印刷用紙を原価で提供したのは、『マニラの悲劇』を特別付録として追加させることで、アメリカの原爆投下の責任追及を封印させるためだったのではないか、という疑問です。この問題については、すでに申しましたように、わたしは残念ながら確かな資料を持ち合わせていません。しかしわたしは、当時のＧＨＱと、直接に交渉に関わったジャーナリストの証言を、間接的に得ることができました。かれの証言によると、ＧＨＱから『マニラの悲劇』を特別付録として『長崎の鐘』に追加するように要請されたとき、永井側は当初、それを承諾する条件として、出版費の全額を、ＧＨＱ側の全面負担とするよう申し出た、というのですが、それが叶えられず、その代わり、ＧＨＱが、出版用紙を原価で譲るという約束をえて、両者が妥協した、ということです。

後者の『マニラの悲劇』は、フィリピンの首都マニラ市内で、日本軍が昭和二十年二月に行った市民大虐殺について、一般市民はもちろん、宗教界の人々、軍人などから得た証言内容を、写真と文章で構成されているもので、これはたしかにＧＨＱが編集したものでした。『長崎の鐘』を検閲したＧＨＱは、この『マニラの悲劇』を特別付録として記載することを、『長崎の鐘』の出版の条件として提示したことは事実です。換言すれば、ＧＨＱのこの要求を拒否すれば、『長崎の鐘』は日の目をみなかったのです。このようなＧＨＱの要求について、永井は、式場博士ら出版社側と慎重に話し合い、これを受諾しています。そこで批判論者たちは、この段階で、永井のアメリカ批判、戦争責任追及の態度は消えたのではないか、と推測するのです。ある意味ではもっともな推測です。しかも『長崎の鐘』の原稿は百六十頁、そして『マニラの悲劇』のそれも百五十九頁で、両者のバランスがとれていたことも、かれらの疑惑を深める一因となっているようです。

残念ながら、怠惰なわたしは、永井の脱稿時の『長崎の鐘』の原稿と、『マニラの悲劇』とを比較して、後者の前者に対する影響力の有無については、まだ研究していません。だから大きなことは言えませんが、文脈的に次の点だけは主張しておかなければならないと思います。

永井のご子息・誠一氏は、GHQ側から突きつけられたこのような条件に対して、はたして永井はこれを快諾したであろうか、という問題について、次のように述べています。

「この『マニラの悲劇』の内容を読んだ永井は、どう感じただろうか？『長崎の鐘』の特別付録として発行しない、すなわち『NO！』と即答するか、発行する『YES』のどちらか？　私は確信する。父は『YES！』と返事したに違いない。なぜなら、マニラはカトリック信徒が多い都市で、虐殺された市民の中に、カトリック信徒が多数含まれていたと推測したろう。一方、長崎の原爆犠牲者の中にも多くのカトリック信徒がいた。東洋一の浦上カトリック教会も崩壊した。

永井はカトリック信徒であり、両国の犠牲者に対する哀悼と慰霊の気持ちは、さらに高まったに違いない。何よりも『マニラの悲劇』を付けたことで、『長崎の鐘』にこめられた『永遠平和の悲願』は国際的にも理解を深め、倍増したことだろう」（永井誠一、『永井隆――長崎の原爆に直撃された放射線専門医師』、サンパウロ、２８０―２８１頁）。

しかし、だからこそ、ＧＨＱ編集の『マニラの悲劇』は、永井の『長崎の鐘』に何かの影響を与えたのではないか、という異論も予想されます。この点に関しての研究を、わたしはこの道の専門家たちにお任せしますが、わたしが調べた範囲で申しますと、そもそも『マニラの悲劇』編集のための、マニラ市民の口述は、昭和二十年二月から開始され、『長崎の鐘』がＧＨＱに提出されたときには、すでにその編集は完了していました。

それでももう一つ疑問点が残ります。それは『マニラの悲劇』の序文の書き出しです。そこには、「本書に述べられている事実は、日本人ないし何人といえども否定しえぬものである。日本人が人道に加えた恐るべき罪科は日本において五十年間『皇道』および「大和魂」が教布されたことの必然的結果であった」そして『マニラの悲劇』の序文は続けて、「日本が一九三七年（昭和十二年）盧溝橋において、一九四一年（昭和十六年）真珠湾謀略的奇襲において開始した戦いは、ついに日本自身にかえって、広島・長崎両市の完全破壊をもっておわったのである」（右同280頁）、と結んでいます。この序文だけを読むと、日本側の戦争責任についての一方的な叙述に終始していますが、しかしこの序文は、『長崎の鐘』が検閲のために提出された段階で書き加えられた、と考えても不思議ではありません。むしろそのように考えた方が、より合理的、現実的なようにわたしには思えます。要するにわたしは、GHQの検閲は、永井の『長崎の鐘』の本質的な内容を強制的に変えるようなものではなかった。だからこそGHQは、このような序文を付け加えたのだ、とわたしは考えています。

Ⅱ　永井の説く「世界平和」

永井の「平和論」は、戦争責任者の追及にあるのではないことが、今までの考察からも明白です。しかしそれは決して過去を忘れるということではありません。過去についての真摯な反省は、未来の平和建設に不可欠な条件であることに変わりないからです。永井が戦争責任者の追及を重視しないのは、言葉を換えて表現すれば、それは相手に復讐し、かれらの非を責めることへの否定的な態度だ、と言うことができます。正しい裁きは、わたしたち人間ではなく、ただ神にのみ可能なことだからです。この点についてはすでに述べましたので、もうこれ以上言及する必要はないでしょう。そこで、以下わたしたちは、永井の徹底した「非戦論」と「非武装論」、そして世界平和の決定的な条件である「隣人愛」の立場から、永井の「平和論」について、さらに言及していくことにしましょう。

1　永井の非戦論

永井は、かれのほとんどすべての著書で、徹底的な非戦論的思想を展開しています。以下、その中から若干の事例を拾い上げてみましょう。

A　『いとし子よ』より

永井は、まず『いとし子よ』で、やがて孤児として残されるであろう二人の子供たちに次のように書き残しています。

「いとし子よ。
あの日、イクリの実を皿に盛って、母の姿を待ちわびていた誠一よ、カヤノよ、お母さんはロザリオの鎖ひとつをこの世に留めて、ついにこの世から姿を消してしまった。

そなたたちの寄りすがりたい母を奪い去ったものは何であるか？

――原子爆弾。……いいえ。それは原子の魂である。そなたの母を殺すために原子が浦上にやって来たわけではない。

そなたたちの母を、あの優しかった母を殺したのは、戦争である。

人間は、一人ひとりとしてつきあってみると、ものわかった、心の優しい、にこにこした、善い人であるのに、それが階級とか、組合とか、民族とか、国民とか、まとまった団体になると、お互いに疑い、憎み、そねみ、怒り、争い合うようになるのは、なぜだろう？……

――戦争はもうこりごりだ。これっきり戦争を永久にやめることにしよう！

そう叫んでおりながら、何年かたつうちに、いつしか心が変わり、なんとなくもやもやと戦争がしたくなってくるものである。どうして人間は、こうも愚かなものであろうか？」

永井は、「日本国民は、正義と秩序を基調とする国際平和を誠実に希求し、国権の発動たる戦争と、武力による威嚇又は武力の行使は、国際紛争を解決する手段としては、永久にこれを放棄する」、と公的に宣言している日本国憲法第九条を、自分たちが実行するばかりではなく、これを破ろうとする力を防がねばならない、と強く勧告しています。これは、第一回目の講演でも申しましたが、永井は、まさに予言的に、日本をめぐる国際情勢次第では、日本人の中から、憲法を改めて戦争放棄の条項を削れ、と主張し、そのためにもっともらしい理屈をつけて、日本を再軍備に向かわせようとする人々が多く出て来るかもしれない、とも予告しています。しかし永井は、「そのときこそ、……誠一よ、カヤノよ、たとえ最後の二人になっても、どんなののしりや暴力を受けても、きっぱりと、『戦争絶対反対』を叫び続け、叫び通しておくれ！　たとえ卑怯者とさげすまれ、裏切り者とたたかれても、『戦争絶対反対』の叫びを守っておくれ！」（『全集』、第三巻、１００―１０１頁参照）と言っています。

B　『亡びぬものを』より

『亡びぬものを』は、永井の著作の中でも唯一、小説風に書かれた、永井の自叙伝風のものですが、ここで永井は「隆吉」という主人公の名前で登場しています。永井は被爆地浦上について、「灰、地殻のしわをおおう灰！」と叫んでいます。「白々と無表情に陽を照り返す灰だった。町も工場も学校も天主堂も森も畑も、生きとし生けるものもすべては消えて、丘に刻んだ石段も、谷を連ねる道路も、おしなべて白い灰をかむっているばかり。昨日まであったあの市街は夢であったのか、それとも今朝見るこの荒野が夢であるのか、ひと夜眠らなかった目を幾度もこすり直してみても、わが浦上は灰であった」、と生々しく描写しています。しかもこのような惨事が、人間の特権である知性と自由意志の誤れる使い方に由来することから、われわれ人間がいかに慎重でなければならないかについて、警鐘をならし、注意を促しています。

永井はこのような惨事を目前にして、「一発の原子爆弾、しかも試作品の域にあるものの示したこの驚くべき威力よ！　幾年ならずして、この数十倍の威力を示すものが発明されるにちがいない。それを思うと、隆吉は人類の運命を考えて、まったくゾッとした」と書いていますが、永井のこのような予言的推測は今日、残念ながら、世界的規模で実現されつつあります。このように予想した永井は、主人公の隆吉の口を借りて、灰に向かって、次のように叫んでいます。

「戦争をやめろ！
永遠に戦争をやめろ！
長崎に印された原子爆弾の爆痕を、人類闘争史のピリオドとせよ！」（『全集』、第三巻、４９８―４９９頁参照）。

永井のこのような叫びには、筆舌に尽くしがたき被爆の惨事とともに、もう二度と戦争を起こしてはいけないという、非戦宣言が表現されてはいないでしょうか。永井のこのような叫びには、かれが燃えるような非戦争主義者であったことを如実に物語っています。

C　『平和塔』より

永井は『平和塔』でも、平和のための戦争肯定の矛盾を強く指摘しています。人間は戦争するときにはいつも「正義の戦争」の旗印のもとで行います。永井はこの点についての矛盾を、次のように鋭く指摘しています。

「原爆だけに限る問題ではなかった。戦争をしている国々は、それぞれ自分の国が正しくて、相手の悪をこらしめるために戦争をしているのだ、と宣言し、必ず、『平和のための戦争である！』

といって、そうして神に自国の勝利を祈るのが常であった。……」

そして永井は、「原子爆弾を使う戦争はもう止めてほしい――とわたしたちは祈っている。もう一度原子爆弾が私たちの上で裂けたら恐ろしいから、止めて欲しい、と祈るのでは、真の祈りにならない。原子爆弾がもう一度どこかで裂けて、またもたくさんの子供たちを殺すことは、神を悲しませる。だから止めて欲しい、と祈るのである」とも書いています。

こうして永井は、一切の軍備を持つことをさえ否定するのです。かれは次のように記しています。

「平和を祈る者は、一本のハリをも隠し持っていてはならぬ。自分が——たとい、のっぴきならぬ破目に追いこまれたときの自衛のためであるにしても——武器を持っていては、もう平和を祈る資格はない。

戦争をまったく放棄することが、平和の祈りの前提条件である。

軍備を持つ二つの勢力が釣り合っているために戦争が起こらずにいる状態は仮性平和である。

わが国が自衛権をさえ放棄したことに対して不安を感じ、わずかな軍備は必要ではあるまいか、などと言いだす者がいる。弱虫である。臆病者である」(『全集』、第一巻、304—305参照)。

以上のような永井の「非戦争論」的思想は、現在のカトリック教会によって全面的に受け入れられ、奨励されているところでもあります。現代の諸教皇は毎年の年始に全世界に向けて「世界平和」を訴えるメッセージを発表していますが、たとえば、故教皇ヨハネ・パウロ二世は、二〇〇四年の『平和メッセージ』で、世界各国の元首、政府首脳、経済上の指導者たちに向けて、「紛争解決の手段としての戦争は、許されるべきではないという固い決心をしようではありませんか。人類同胞に向かって、軍備縮小とすべての核兵器の破棄を約束しようではありませんか。暴力と憎しみにかえて、信頼と思いやりを持とうではありませんか」、と呼びかけています。わたしたちは、かれのこのような心からの叫びを真摯に受け止め、忠実に実践すべきではないでしょうか。

「非暴力主義」、「非戦争主義」といえば、わたしはすぐ、アメリカで人種差別撤廃と反戦運動に生涯をささげ、ついに凶弾に倒れた、キング牧師を思い出さざるをえません。かれは、だれが何と言っても、間違いなく「毅然たる非暴力主義、非戦争主義」の擁護者であったからです。かれは、「たとえアメリカ中のすべての人が、すべての黒人が、すべての白人が、暴力を支持しても、僕はあくまでも非暴力、非戦争を主張し続けるよ。なぜなら、ただ非暴力、非戦争だけが、他の人間に屈辱を与えることなく、人類の諸問題を解決できる唯一の道なのだから。他の人もみな同じ神の子だから、その人を傷つけてはいけない。私たちは、敵を打ち負かすのではなく、できることなら説得し味方にするのだ。そして非暴力こそが、それを可能にする道なのだ」、と言っています。

キング師の右の言葉で、わたしは「たとえアメリカ中のすべての人が、すべての黒人が、すべての白人が、暴力を支持しても、僕はあくまでも非暴力、非戦争を主張し続ける」と言った一言は、永井が、いつの日にか、遺児として残される二人の愛児に、『いとし子よ』で、日本国民が平和憲法を放棄して、日本の再軍備を叫び、再武装を主張するようなときがあっても、「そのときこそ、……誠一よ、カヤノよ、たとえ最後の二人となっても、どんなののしりや暴力を受けても、きっぱりと『戦争絶対反対』を叫び続け、叫び通しておくれ！　たとえ卑怯者とさげすまれ、裏切り者と叩かれても、『戦争絶対反対』の叫びを守っておくれ！」（『全集』、第三巻、100―101頁）、と言い残した言葉を思い出さざるをえません。しかし永井は、キング牧師と同時代に、同じ教えを、まさに命がけで叫び続けたことを考えると、わたしたちは永井の偉大さをあらためて再確認し、深い感動を覚えます。

2　永井の非武装論

このように永井は、完全な非戦争論者でしたが、さらに言えば、かれはむしろ完全な非武装論者であったとも言えます。かれは、同じ『平和塔』で、この問題について詳しく言及しています。かれはキリストの、「剣を取る者は皆、剣で滅びる」（マタイ26：52）という言葉を解説していますが、その中で次のような記述があります。

「ナイフを一本でも持ったら、もう勇気はなくなり、さらに木刀が一本欲しくなってくるのである。——木刀を一たん手に持つと、こんどは何かなぐりたくなってくるのである。

闘争だの戦争だのという騒ぎは、つまり、臆病者がやるのである。『愛』の人は、すなわち『勇』の人であり、勇の人は武装しない。武装しない人は戦わない。つまり『平和』の人である」（『全集』、第一巻、３０６頁）。

永井はさらに、かれが被爆当初、救護所を開設した「三つ山」地区が、別名「犬継木場」とも呼ばれるようになった謂われを例に、「剣を取る者は皆、剣で滅びる」というイエスの言葉を、分かりやすく説明しています。

むかしこの地区には、長崎市の北に美しくそびえたつ三つ峰の山から山犬がたくさん出て来て、里人を食っていたのだそうです。しかもこの道は当時、諫早から長崎へ抜けるにはいちばんの近道だったことから、人通りも多かったようです。あるとき一人の旅人がここで、山犬の群に襲われ、かれは道端にある大きな木に登ったというのです。そうすると木の下に集まった山犬どもは、一匹の上に他の一匹が乗り、その上にさらにまた一匹と、その上にまた一匹というふうに、次々と乗りあがって、旅人が枝一つずつ登るその足すれすれに追いかけてくるので、旅人はついに木末に登り逃げた。旅人はとうとう木のてっぺんまで追いつめられ、山犬の牙が旅人の足にとどき、旅人は木から引きずりおろされ、たちまち山犬どもの餌食になってしまった、という昔話があるそうです。このような昔話から、このあたりを、「犬継木場」と呼ぶようになったのだそうです。いずれにせよ、この結果、山犬たちは、猟師たちによって、一匹もいないように退治されてしまった、と伝えられているのだそうです。

さて永井は、このような伝説から、「山犬は恐ろしい牙を持っている。武装している。そして集団で人間を襲い殺し、その五体をあまさず食ってしまう。まことに危険千万な動物である。生かしておいては危ないというので、人間がとうとう山犬を全滅させてしまった。山犬は牙という武器を持っているから、全滅の憂き目にあった」、と言うのです。三ツ山に今いる動物は、全く武器を持っていない、それだけに平和のシンボルとされているウサギ、キジ、ヤマバトなどである、とも永井は書き添えています。

こうして永井は、「つまり『武器』は自らを守る道具ではなく、自らを滅ぼす道具となる」、と結論しています（前掲同、306―307頁参照）。

このような非武装的考えに対して、現代は、敵国からの防衛のためにはむしろ、相手国を脅かすし、戦争を抑制するだけの軍備は必要だ、と主張する人々も少なくはありません。『カトリック教会のカテキズム』はこの問題にふれて、「多くの人々は、武器の蓄積を仮想敵国からの攻撃を抑止するための逆説的手段、しかも国家間の平和を保証しうるもっとも効果的な手段とみなしています」と、認めた上で、「しかし、この抑止方法に対しては大いに倫理的疑問の余地が残されています」、と言明しています。そして同じ『カテキズム』は、軍備拡張競争は平和を保証するものではありません。戦争の原因を除去するどころか、かえって増大させる危険をはらんでいます。新しい兵器製造に用いられる巨万の富の消費は、貧しい人々を救済する妨げとなり、諸民族の発展を阻害します。過剰軍備は紛争の理由を増やし、対抗軍備の増強に拍車をかけかねません」（2315番）、と断言しています。

元長崎市長・本島等氏は、平和を絶対的平和と相対的平和に分けて、永井博士を、前者の絶対的平和主義者の筆頭にあげています。本島の平和論は、永井のそれと全く同じです。毎日新聞社の記者・横田信行氏が、本島との長い歳月を通して続けたインタビューの結果を、『赦し』（長崎市長本島等伝、にんげん出版）を出版し、長崎では数ヶ月間、ベストセラーを続けました。この著書は、客観的記述で、面白い書ですが、この本で本島は、平和を、「絶対的平和」と、「相対的平和」に分けて、永井を絶対的平和主義者の筆頭にあげています。その理由として本島は、わたしがすでに紹介した永井の『いとし子よ』から引用して次のように語っています。

「永井は、その著書『いとし子よ』で、『たとえ最後の二人になっても、どんなののしりや暴力を受けても、きっぱりと『戦争絶対反対』を叫び続け、叫び通しておくれ！　たとえ卑怯者とさげすまれ、裏切り者とたたかれても『戦争絶対反対』の叫びを守ってくれ！』とわが子二人に説いた」

本島は、被爆地長崎の市長として、「相対的平和」主義の抱える矛盾を痛感し、永井と同じ立場の「絶対的平和論」を支持しています。本島は「相対的平和論」の矛盾について次のように痛烈に批判しています。

「相対的平和で核兵器廃絶を論じるのはインチキさ。北朝鮮の核実験は批判すべきで、国連常任理事国の核兵器保有はいいのか。九十八年のインドとパキスタンの核実験に対する長崎市の抗議は、インドの駐日大使から『どこかの国々のように、二国間、多国間の軍事、安全保障協定を結び、核の傘で保護されるという恩恵を受けていない』と切り返された。核保有を正当化する考え方はむしろ多数派で、そう考える国に相対的平和で核兵器廃絶を訴えても無力だ。日本、特に被爆地では太平洋戦争と核兵器廃絶を別個に考えている人は少ないが、そうじゃない。米国の核の傘に守られながら、核兵器廃絶を訴える矛盾に目をそらしている。外国から共感を得られない。……」（『赦し』、180―183頁参照）。

要するに本島は、永井の平和論が、完全非武装を求める、いわゆる「絶対的平和論」だった、と主張しています。

本論から少々それましたが、ついでに、もう一つ付け加えることを許していただき、わたしはここで、二〇〇五年に、日本カトリック司教団が、カトリック平和旬間に、戦後六十年の平和メッセージとして公布した、『非暴力による平和への道』（――

今こそ預言者としての役割を——）を思い出します。日本カトリック司教団がこの教書で強く訴えていることも、非戦争だけではなく、非武装による世界平和の到来についてです。参考までに、教書の次の一節を紹介しておきましょう。

「二〇〇一年九月十一日に米国で起きた『同時多発テロ』と、それに続くアフガニスタンやイラクに対する攻撃は、世界に衝撃を与え、深い亀裂をもたらしてしまいました。これらの武力攻撃は多くの一般市民を巻き添えにし、暴力の悪循環をもたらしています。このような中で、多くの宗教者や市民が報復反対と対話による和解を呼びかけています。教皇ヨハネ・パウロ二世は、聖パウロの教えに従って、平和は悪が善によって打ち負かされるときにのみもたらされる辛抱強い闘いの成果であることを明らかにしています。軍備と武力駆使によってではなく、非暴力を貫き、対話によって平和を築く歩みだけが『悪に対して悪を報いるという悪循環から抜け出す唯一の道』なのです。これはガンディーの非暴力による抵抗運動などが示しているように、多くの人々の共感をよぶものです。この非暴力の精神は憲法第九条の中で、国際紛争を解決する手段としての戦争放棄、および戦力の不保持という形で掲げられています。六十年にわたって戦争で誰も殺さず、誰も殺されなかった日本における歴史的事実はわたしたちの誇りとするところではないでしょうか」

しかし以上のような平和論は、たとえそれが世界平和への固い基礎でこそあれ、どちらかと言えば、まだ「消極的平和論」にすぎません。真の、理想的な「世界平和」は、ただ戦争や争いのない、あるいは非武装のような、ただ消極的な状態だけでは実現されないからです。この点についても『カテキズム』も、「平和とは単に戦争がないということだけではなく、また敵対者間の力の均等を図るということだけではありません。地上に平和が得られるのは、各個人が善益の擁護、人間相互の自由な交流、個々人ならびに諸民族の尊厳の尊重、兄弟愛の熱心な実践があってのことです。平和は『秩序の静けさ』です。それは『正義が造り出すもの』（イザヤ32：17）であり、愛の結果です」（２３０４番）と公言しています。

要するに現代カトリック教会は、平和を、ただ戦争や争いのない、いわば消極的な状態にではなく、より積極的な状況、すなわち「正義」と「愛」とが調和した状況、アウグスティヌスの有名な言葉を借りて、「秩序の静けさ」にある、と説いています。

永井が、かれの平和論で特に強調していることは、もちろん正義の実現もそうですが、特に「隣人愛」を、世界平和を実現するための積極的条件として力説していますす。それゆえに、わたしたちは以下、永井が特に強調しているこの隣人愛にだけ焦点を絞って、考察を続けましょう。

3　キリスト教的隣人愛

わたしは、皆さんにあえて質問したいことがあります。皆さんははたして、人々が非武装化を実現し、戦争をしない状態が続くだけで、真の世界平和が成就する、とお考えでしょうか。非戦、非武装は、たしかに戦争への直接的な危険性を弱めることはできるでしょう。しかしそれはあくまでも、平和実現のための前提的、消極的条件に過ぎないのではないでしょうか。そこでわたしたちは、世界平和のために、是非必要な積極的な条件を捜さなければなりません。それはすでに申しましたように、キリストが教えられた「愛」をおいてほかにありえません。永井は、『いとし子よ』で、たとえ非武装でも、「敵が攻め寄せたとき、武器がなかったら、みすみす皆殺しにされてしまうではないか」、と主張する人々を予想しながら、「しかし、武器をもっているほうが果たして生き残るだろうか？　武器を持たぬ無抵抗の者のほうが生き残るだろうか？　……」と反問し、「愛で身を固め、愛で国を固め、愛で人類が手を握ってこそ、平和で美しい世界が生まれてくるものだよ」と諭し、「いとし子よ。敵を愛しなさい。敵を愛し愛し愛しぬいて、こちらを憎むすきがないほど愛しなさい。愛すれば愛される。愛されたら、滅ぼされない。愛の世界に敵はない。敵がなければ戦争も起こらないのだよ」(『全集』、第三巻、101―102頁参照)と結論しています。わたしはここで再び、故キング牧師の、「暴力には非暴力を、憎悪には愛を!」、という叫びを思い出します。

とは言っても、現代カトリック教会は、軍事力による正当防衛を無条件に否定しているわけではありません。残念なことですが、いつの時代にも戦争の危機は存在しますし、たとえ、その平和的解決を成就できる国際的権力が存在していても、事実上そのための効果的な手段をも講じ得ない場合もありえます。このような最悪の条件下では、正当防衛権の行使も拒否されるべきではないでしょう。とは言っても、この正当防衛権の行使は、平和維持のための最終的な手段でなければなりません。それだけに正当防衛権の行使が正当化されるためには、その倫理的正当性についても、厳格な諸条件が、真剣に検討され、慎重に考慮されなければなりません。そのために『カテキズム』は、正当防衛が認められるための条件として、次の四つを挙げています(2309番参照)。

(1)「国あるいは諸国家に及ぼす攻撃者側の破壊行為が持続的なものであり、しかも重大で、明確なものであること」

(2)「他のすべての手段を使っても攻撃を終わらせることが不可能であるか、効果をもたらさないということが明白であること」

（3）「成功すると信じられるだけの十分な諸条件がそろっていること」

（4）「武器を使用しても、除去しようとする害よりもさらに重大な害や混乱が生じないこと。

現代の兵器の破壊力は強大なので、当条件についてはきわめて慎重に考慮すること」

しかし、正当防衛を弁護し、肯定するためのこのような諸条件は、ある程度の武器所持を前提としますし、しかも正当防衛が成功するためには、より強力な武器の所持が必要にもなります。そうなると、正当防衛の名で行われる戦争が、今日のような特に核兵器時代には、結果的に核戦争の原因となり、その後遺症として、いかなる災害、混乱ももたらさないということは、事実上不可能になるのではないでしょうか。

ということは、『カテキズム』で列挙されている正当防衛のための戦争の諸条件は、たとえそれが正当防衛のための戦争ではあっても、事実上は、いかなる戦争をも避けるべきであることを示唆している、とも言えるでしょう。現代の世界的状況下では、たとえ、はじめこそ小さなテロや、地域的紛争であっても、結果的には大きな紛争、ついで世界戦争、そして核戦争への火種となる可能性が大きく、厳密な意味での『正当防衛』の範囲を超える可能性が大きいからです。

いずれにせよ、戦争の惨めさと残酷さを身をもって体験し、まさに生きるか死ぬかの境遇にあった当時の永井にとって、戦争はもちろん、正当防衛などについても、考える余裕はありませんでした。永井にとって、平和な社会建設の手段として、再び人類を不幸のそこに突き落とすことになりえる剣ではなく、「愛」を説くことしかできなかったのです。このことは、かれが東洋の使徒・聖フランシスコ・ザベリオを模範として提示しながら、「聖フランシスコ・ザベリオは寸鉄を帯びず、一人でスペインから東洋へやってきた。ちっとも強そうな顔をしていない。力んでもおられなかった。彼が持っていたのは『愛』だけであった。――『愛に恐れなし』――キリストの言葉である」（『全集』、第一巻、３０６頁、『平和塔』）、と言明していることからも明白です。

それゆえに永井は、『この子を残して』でも、愛する二人の子供に、「愛」の実践を、まさに遺言として懇切、丁寧に書き残しています。永井はまず、人が守るべき最大の掟について、かつて一人の律法学者がイエスに、「あらゆる掟のうちで、どれが第一でしょうか」、と尋ねたときにお答えになったイエスご自身の言葉（マルコ12：28―34参照）を、次のように易しく解説しています。

「人の守るべき最大のおきてについてイエズスは、『なんじ心を尽くし、霊を尽くし、意を尽くして、主たるなんじの神を愛すべし。これは最大なる第一のおきてなり。第二もまたこれに似たり。なんじの近き者を己の如く愛すべし』と言った」

永井は、この第一の掟こそは、「私などが常に実行しなければならないものである。第一の掟を守らずに、第二の掟を正しく実行することはできない。第一の掟を忠実に守るならば、第二の掟はおのずから実行せずにはいられなくなるものである」、と説いています。ここでキリストは、神への愛と、隣人への愛との、不可分的な深い関係を強調していますが、永井はこのキリストの教えを、そのまま素直に受け入れています。この問題に関しては、使徒ヨハネも、「『神を愛している』と言いながら兄弟を憎む者がいれば、それは偽り者です。目に見える兄弟を愛さない者は、目に見えない神を愛することはできません。神を愛する人は、兄弟をも愛すべきです。これが神から受けた掟です」（Ⅰヨハネ4：20―21）、と教えています。

さらに永井は、神への愛と隣人愛とが不可分的に結ばれていなければ、そこには本当の隣人愛は成就されないことも力説しています。したがって、たとえ外見的にはりっぱに隣人愛を実行しているように見えても、それは神の前では実を結ばず、空しいことを指摘しています。このことは、パウロが『コリントの信徒への手紙Ⅰ』で、「たとえ、人々の異言、天使たちの異言を語ろうとも、愛がなければ、わたしは騒がしいどら、やかましいシンバル。たとえ、預言する賜物をもち、あらゆる神秘とあらゆる知識に通じていようとも、たとえ山を動かすほどの完全な信仰を持っていようとも、愛がなければ、無に等しい。全財産を貧しい人のために使い尽くそうとも、誇ろうとしてわが身を死に引き渡そうとも、愛がなければ、わたしに何の益もない」（13：1―3）、と教えているとおりです。

永井はまた、神を愛することによってこそ、ほんとうに隣人を愛する助けを神からいただくことができるとも説いています。永井はこのことを説明するために、当時アメリカで、「少年の町」の創始者として話題になっていた、フラナガン神父の事業を例にとって解説しています。永井はまず、「孤児を『己の如く愛し』ている収容所職員は多いことを私は知っている。それにもかかわらず収容所の成績が上がらないことも私は知っている」と言い、では「なぜうまくゆかないのだろうか？」と自問自答し、次のように結論しています。

「ところが、主たる神を愛さなくても、隣人を愛することができる、と思っている社会事業家が多い。主たる神を愛するどころか、忘れてしまっている者、あるいはさらに積極的に神の存在を否定している者で、人類愛に基づく事業を企てている。神の恵みがなくても、人間の力だけで、りっぱに愛の事業ができると思い込んでいる。限りなき愛の泉から神を追放し、そのあとに己が座り、惜しみなく愛をそそぐと、うぬぼれているのだ。それほど思いきって神を否定しないまでも、まあ孤児の世話ぐらいは神さまの加勢を頼まなくても自分の力だけでやれる、と思っている人も多い。そんな人のそんな事業は、うまくゆかぬものである。

なぜうまく行かないか？——これを科学的に説明することはできない。それは超自然的なお恵みの関係するところであるから。しかし、事実はそうなっているのである。宗教のない収容所、無神論者の経営する収容所は、ついに失敗している」（『全集』、第一巻、43—44頁参照、『この子を残して』）。

永井は、『原子野録音』でも、平和と隣人愛、特に人を赦す愛との深い関係について言及しています。まずかれは、「いくつかの本を書きましたが、つまるところ私の書いていることは、『平和を……』の願いであります。人はだれでもみな平和を願っております。そして永遠大平和の世界を目ざして、いろいろと力を尽くしております。けれども、いまの目の前のいきさつは、入りこんでおりまして、ともすれば戦いが起こりそうです」、と不安を表現し、その理由について次のように述べています。

「人がそれぞれ完全円満な者ではないから、お互いにあやまちをしでかしたり、考えのちがうことはありがちです。それをお互いに赦すことが平和の基です。平和をことさらに壊そうとたくらむ人々があるように見えますが、その人々を敵にまわして憎んではなりません。

相手を憎む心が起ったら、もう自分も平和を願う権利を失ったものとなります。相手を愛し、相手の改心のために、犠牲をささげて祈りましょう。それが、平和を保ついちばんの手堅い方法と思います」（『全集』、第二巻、569―570頁参照）。

この点についても永井の言葉は、「愛は忍耐強い。愛は情け深い。ねたまない。愛は自慢せず、高ぶらない。礼を失せず、自分の利益を求めず、いらだたず、恨みを抱かない。不義を喜ばず、真理を喜ぶ。すべてを忍び、すべてを信じ、すべてを望み、すべてに耐える」（Iコリント13：4―7参照）と、愛の超越的な力について教えたパウロのそれと一致します。

4 「平和を願う」永井の生き様

イエスはかつて、弟子たちと群衆に向かって、律法学者、ファリサイ派の人々について「彼らが言うことは、すべて行い、また守りなさい。しかし、彼らの行いを、見倣ってはならない。言うだけで、実行しないからである」（マタイ23：3）、と仰せられたことがありました。わたしたちが今まで述べた永井の平和論についても、あるいは同じ批判が投げかけられないともかぎりません。残念ですが永井についても、当初から、かれを「偽善者」呼ばわりする人々はいましたから、今日も「いない」とは言えないでしょう。そこでわたしは、「永井の平和論」を結ぶにあたって、理論だけではなく、平和を願い、実現するために生きぬかれた博士の生き様の一端を紹介したいと思います。とは言っても、永井との、直接的な一面識もないわたしには、これを語る資格はありません。だからわたしは、こうして「永井隆博士の思想を語る」と題して、三回に及ぶ講演会を準備しながら、わたしが確信しえた範囲でしか語れません。

永井の生涯について詳しくお知りになりたい方は、永井の無二の親友であった、故片岡弥吉教授著、『永井隆の生涯』（サンパウロ）、および永井のご子息、故永井誠一が、永井隆の五十年忌記念に出版された、『永井隆——長崎の原爆に直撃された放射線専門医師』などをお読みいただければ、もっと感動的に、そしてもっと正確な情報がえられるでしょう。

とりあえず、わたしは以下、原爆投下直後からの、永井の全く没我的な活動の一端を少しだけ語らせていただきます。原爆投下直後、かれが勤務していた大学病院はいうまでもなく、浦上一帯が、文字どおり「火の海」と化し、病院内外から患者や負傷者が運ばれてきました。永井はそのとき、もちろん、自らも被爆して重傷を負いながらも、長崎医科大学第十一救護班長として指揮をとりますが、そのときもかれは、瀕死の病人たちを背負って坂道や、岩山を登って、かれらに救援を施しています。かれが焼け尽くされた自宅に帰ったのは、原爆投下から三日目でした。かれは、台所があった跡、茶碗のかけらの傍らに、灰色にまみれた塊を見つけます。最愛の妻・緑の骨でした。近寄って手をかけると、まだぬくもりがあったと、永井は書いています。しかし、拾い上げると軽く、ぼろぼろと崩れる妻の骨には、ロザリオの鎖がまつわりついていたのです。

妻の遺骨を埋葬してから永井は、二人の子供たちが疎開していた三ツ山に行き、子供たちの安否を確かめ、すぐさま長崎市内から避難したしてきた二百五十人以上の負傷者たちのために、かれの後を追って来た救護班の人々とともに、朝早くから夜遅くまで、診療活動を続けています。このような超人的な救急活動は、かれ自身が、『長崎の鐘』で書いているように、かれの医師としての使命感から自然に出た行動でした。

このような激しい医療活動のために、かれはついに倒れ、失神し、死を覚悟しなければならなくなりますが、かれは奇跡的に回復します。しかしその時には、三ツ山の療養所は解散されていました。かれはこの貴重な被爆体験を科学的に残すために、昭和二十年八月から十月までの被爆状況を、科学的に、しかも綿密に記録した『原子爆弾救護報告』（『全集』、第二巻、611―688頁に挿入）を、長崎医科大学物理的療法科に提出していますが、このことについては、すでにお話ししたとおりです。

浦上の焼け跡に戻った永井は、普段着に、下駄ばき、しかも頭には包帯を幾重にも巻きつけ、枯れ木を杖に、方々を歩き回りながら、投下された原爆の影響についての研究調査を開始しています。当時は、被爆地には七十年間は草一本も生えない、と噂されていたからです。かれは、被爆地の土地を調べ、記録を残すことを、放射線医学者としての使命と確信していたからでした。かれのこのような緻密な研究態度は報われました。かれは、被爆して二週間後にはアリの群を、一ヶ月後にはミミズを見つけ、畑にホウレンソウの種をまき、それが芽を出して大きく育つのを確かめて、「これなら、小さな子供以外は、浦上に戻って生活できる」、と結論しています。

それから間もなく、かれは病床に伏す身となり、大学を休職せざるをえなくなりました。一九四八年（昭和二十三年）三月、浦上カトリック教会の有志たちが、寝たきりの永井のために、畳二枚の広さの部屋が一つだけの小さな家を建ててくれました。永井はこの家を「如己堂」と名づけました。「如己」とは、「自分のように他人を愛しなさい」、というイエスの言葉に由来するもので、このような命名の裏には、かれの隣人愛への、並々ならぬ決意のほどが窺い知れます。かれのこの小さな「如己堂」が、愛する二人の子供たちとの生活の場であり、同時にかれの病室であり、研究室であり、そして仕事場でした。かれには、県内外からの訪問者、相談者たちが絶えず、したがってかれが執筆したのは、いつも夜だけでした。かれは人々が寝静まった夜中にエンピツを走らせ、すでに紹介しました『長崎の鐘』、『花咲く丘』、『平和塔』など、次々とベストセラーとなる著書を書き続け、世界の平和を訴え続けたのでした。

永井の自筆になる「平和を」の三文字は、あまりにも有名ですが、これはかれが病床に伏したままの姿で、平和への願いをこめて、一枚一枚書き上げたもので、その数はなんと千枚だったそうですが、かれはこれを訪問者や、知人たちに配り、「平和のために祈り、努力する」ように頼んでいたそうです。

かれのこのような平和への努力は、国内ではもちろん、国際的にも、多くの賛同者を得ました。一例をあげると、アルゼンチン大統領夫人は永井に聖母像を贈り、イタリアのカトリック医師会は、教皇ピオ十二世の祝福を受けた平和の聖母像を贈っています。いずれも聖母マリアによって世界の平和を祈ろう、という共通の意識の表現だと理解されるべきでしょう。

欧米諸国では、「長崎」と言えば、人々はすぐ「原爆被害」を、「原爆被害」と言えば、すぐに「永井隆博士」を、そして「永井隆博士」と言えば「世界平和」を連想するほどに、永井はまさに、世界平和のシンボルのように思われています。それはかれが著した多くの著書によって、かれの平和への願望が伝えられているからだけではなく、特にかれが最期まで、まさに、命をかけて叫び続けた「世界平和論」に感動を覚え、心から同意していたからではないでしょうか。

イエスは、「平和を実現する人々は幸いである」（マタイ5：9）と仰せられましたが、その意味では、たとえ非難され、職業病である白血病と闘い、さらに恐ろしい被爆に苦しみ、赤貧洗うがごとき貧しさの中で、「世界平和」のために努力しつつ、四十三歳の短い生涯を閉じた永井は、イエスのお言葉どおり、「平和を実現」すべく努力した「幸いな人」の一人ではなかったでしょうか。わたしは「如己堂」の前を通るたびに、心からかれへの敬意を表しています。最近は特に、「如己堂」の前に立っている、多くの旅行者を見かけますが、そのたびに、わたしは世界平和への大きな期待感を覚えます。現在は、かつてほどではありませんが、「如己堂」の前に立っている修学旅行生たちを見かけるたびに、わたしは、若いかれらが、永井の偉大な業績をあらためて意識し、何らかの形で平和への努力を継承してくれるよう、祈るような気持ちになります。若いかれらを介して、永井の生き方と、かれの「平和への願い」が、一人でも多くの人々に知られ、少しでも広まるように、と願っているからです。「長崎は、真の世界平和の発祥の地でなければならない」、わたしはこのように確信しています。

おわりに

今年が、永井隆博士生誕百周年にあたることから、わたしたちは、「永井隆博士の思想を語る」と題して、ここ長崎市立図書館の多目的ホールで、三回の講演会を開くことを計画しました。そして今回、最終回を予定どおり終えることができました。

この連続講演会を終わるに当たって、わたしはまず、お忙しい中、ご参加くださり、熱心に、拙いわたしの講演を聴いてくださった皆様に、心からお礼申し上げます。皆さんの熱心さが、わたしを励まし、勇気づけ、こうして予定の最終回を迎えることができました。高い所からですが、皆さんに応援いただきまして、本当にありがとうございました。

また今回の講演会は、このために発足した「実行委員会」の皆さま、いつも陰で準備をしてくださった、カトリック長崎大司教区福音化推進委員会「正義と平和推進部会」の会員の皆様のご協力がなければ、このような講演会の開催はもちろん、継続することもできなかったでしょう。ありがとうございました。

また皆さまからのご要望があれば、このような機会を設けたい、と思っています。今後とも宜しくご協力ください。心からの感謝をこめて。

長崎市立図書館にて
山内清海

二〇〇九年一月十八日

永井隆博士生誕百周年によせて

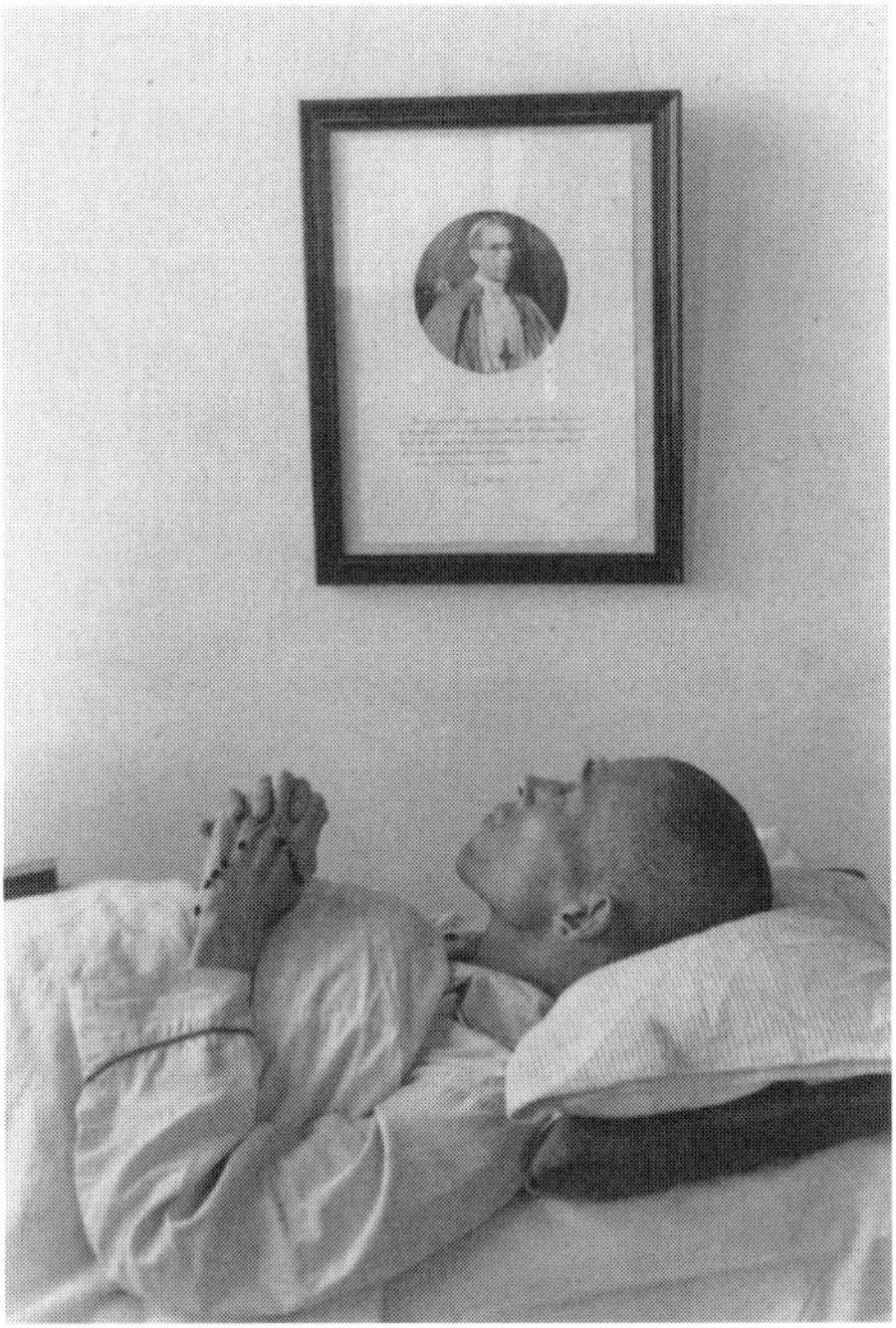

（本稿は、自治労長崎県職員連合労働組合編集月刊誌『長崎消息』の、二〇〇八年九月から二〇〇九年二月までに連載したものです。ここにこうして転載を許可してくださった『長崎消息』の編集部の方々に感謝いたします）

1　長崎の世界的魅力を求めて

昔から欧米人たちは、「ゲイシャ」（芸者）、「ハラキリ」（切腹）、「フジヤマ」（富士山）の三つの単語を連発して、「日本語を知っているよ」、と誇っていました。戦後は、生産国・輸出国日本を象徴する、「トヨタ」、「ニッサン」、そして「ソニー」などの日本製商品名が、外国の人々によく知られるようになりました。こうして、日本はいつしか、アメリカに次ぐ「経済大国」として世界的にも、抜群の知名度を高めました。しかし今日では、この「経済大国」も危ぶまれるようになりつつあります。

わたしは、東京大学創立百周年を記念して出版された、『東京大学歴代総長祝辞集』を、興味深く読んだことがありました。この著書の面白い点は、歴代総長が、入学式や卒業式を迎える学生たちに贈った祝辞集であるだけに、当時の世相をよく反映し、新入生や卒業生たちに、いかに学び、そしていかに社会に貢献すべきかについて、実にみごとな訓辞を与えているからです。昭和二十一年といえば、終戦の翌年にあたり、したがって東大が、戦後最初の新入生たちを受け入れ、大学として再出発した年ですが、その年の総長は、南原繁氏でした。南原総長は、希望に燃えて入学する東大（当時はまだ『東京帝国大学』と呼ばれていました）の新入生たちに、「敗戦で、焼け野原となったわが国は、まず全力を尽くして、物質的・経済的復興を求めて一致努力するでしょうし、日本人の賢明さと努力をもってすれば、それはすぐに実現されるでしょう」、と言明しています。しかし南原総長はすぐその後、学生たちに、「諸君が真に追求すべきは、物質的豊かさではなく、精神的豊かさである。豊かな精神的な支えなしに、国の復興も発展もありえないからです」、という内容の訓辞を与えています。かれのこの言葉は、戦後日本の歴史を預言的に表現しています。「人はパンだけで生きる」ものではないからです。

ところで長崎は、すでに四百五十年も前から、右に述べたこととは全く異なった側面から、世界的に注目されていました。長崎はまず、「信仰の町」、「殉教者の町」として、広く欧米に知られていたからです。聖フランシスコ・ザビエルによって、日本の地にはじめてキリスト教の種が蒔かれ、その実りが大いに期待されていましたが、間もなく苛酷な迫害が始まりました。そして特に長崎は、信仰を守るためには、命さえ惜しまなかった、二十六聖人殉教者たちを中心に、多くの殉教者たちの鮮血に染められました。しかも二百五十年間にも及ぶ迫害の後、大浦に建築された、当時「フランス寺」と呼ばれていた大浦天主堂で、浦上の隠れキリシタンたちが、プチジャン神父に、「自分たちはカトリックの信仰を守っている」と告白して、世界の人々を驚かせました。この歴史的事実は、「信徒発見」として、世界中に知られるようになりました。こうして「長崎」はいつしか、「殉教の町」、「信仰の町」として、世界中の人々の脚光を浴び、一躍世界的に知られるようになったのです。

「長崎」を世界的に有名にしたもう一つの歴史的出来事がありました。それはいうまでもなく、昭和二十年八月九日、長崎の上空で炸裂した一発の原子爆弾の投下でした。この怖るべき一発の原子爆弾は、一瞬にして、多くの人々の尊い命を奪い、すべてを完全に崩壊し、灰燼と化し、今さらの如く戦争の愚かさと、核兵器の無残さを、世界の人々に見せつけました。しかしこのような惨事の中に、一本の小さなローソクを点し、人々に光と希望、そして勇気を与えた偉大な人がいました。この人こそ、自らも被爆しながら、原爆負傷者たちの介護や治療だけではなく、すべての人々に「世界平和」を説き、その実現のために、最期まで全力投球しながら生きた、永井隆博士その人でした。

「信仰の町」、「殉教の町」長崎と、「原爆被害の町長崎」、「長崎の永井博士」との関係は決して偶然ではありません。それは永井博士が、熱心なカトリック医学者であったからだけではなく、両者が、「物質的豊かさ」ではなく、「精神的・信仰的豊かさ」

を優先させた、という点で共通しているからです。しかもこの二つ事実は、今年（二〇〇八）みごとに開花しています。「信仰の町」、「殉教の町」長崎は、今年十一月に、「ペトロ岐部と百八十七人殉教者たちの列福式」を迎え、世界中の人々の注目の的となり、世界的に祝われます。四百五十年前に、神ならぬ身のだれが、このような世界的大祝典を予告しえたでしょうか。さらに、迫害後の貧しい信徒たちが、文字どおり心血を注いで建築した多くの教会群が、世界遺産として登録されるようにと、長崎はもちろん、全国的な運動が盛んに展開されています。

永井隆博士については、今年が、かれの生誕百周年にあたることから、長崎だけではなく、県外や外国でまで、永井に関するいろいろの行事が執り行われ、かれの偉大な足跡と、その思想を見直そうとする運動が行われています。

この機会にわたしたちは、もう一度、「長崎の魅力」について考え直すべきではないでしょうか。「史跡」や、「美しい自然」をめぐる観光も結構ですし、大いに促進すべきですが、しかし多くの人々は、他県には見られない、長崎独特の「魅力的な何かを」求めています。それは単なる観光ではなく、「心の癒やし」と、「精神的豊かさ」です。そのためにわたしたちは、今後、「巡礼地長崎」の実現に、よりいっそう努力すべきではないでしょうか。

2　永井隆博士の「摂理論」（1）

永井が、多くの著作で、「神の摂理論」を繰り返し主張していることは、まぎれもない事実です。永井の思想は、「神の摂理論」を抜きにして語ることはできません。だから永井への批判のほとんどは、かれの「摂理論」にその根拠をおいていると言っても、決して過言ではありません。だからわたしはまず、永井の「摂理論」について詳しく説明しなければならないのですが、この問題は、あまりにも神学的・専門的であり、それだけにキリスト教的思想の色彩が濃く、この種の雑誌の趣旨には合わないと考え、遠慮することにしました。しかし永井が、なぜこれほど「原爆を神の摂理」と繰り返しているのか、その歴史的・思想的背景については、一言弁解しておかなければならない、と考えました。

長崎、それも熱心なキリシタンが多い浦上地区に原爆が投下された当時、巷では、「天罰だ」、という噂がまことしやかに流れていました。このような噂の広がりは当然、浦上のカトリック信徒たちの耳にも入り、多くの信徒たちに、少なからざる動揺を与えていました。浦上のキリシタンたちは、三百年間にも及ぶ苛酷な迫害に耐えながらも忠実に信仰を守り、ようやく信仰の自由が保証されたと喜んだのも束の間、「浦上四番崩れ」に代表されるように、キリシタンたちは再び激しい迫害の嵐に苦しみ、ついに方々に流されました。日本政府によって迫害が終結し、方々に流されても生き残っていた信徒たちは、ようやく浦上に帰り、赤貧洗うがごとき貧しさから再建を許りました。彼らはまず、約二十年の歳月を費やして、当時「東洋一」と称えられていた、浦上天主堂を建設し、「今から信仰に生きよう」、と決意を新たにしていました。ちょうどその矢先、この巨大な天主堂は、ただ一発の爆弾で、完全に崩壊し、八千人もの信徒たちは、一瞬にして、家や財産ばかりか、尊い命さえも失ってしまったのです。このような、まさにパニック状態にあって、多くの信徒たちの中には、「なぜわれわれだけが、これほどまでに苦しまなければならないのか」、「これは巷の人々が噂しているように、天罰ではなかろうか」、と苦悩した人々も少なくはなかったことが容易に想像できます。それは旧約聖書に読まれるヨブの心境であり、故遠藤周作が、有名な『沈黙』で、主人公ロドリゲス神父の口を介して、神に問い続ける難問でもありました。そのよき実例が、『長崎の鐘』に登場する山田市太郎さんと、永井との会話によく表現されています。市太郎は、浦上を代表する模範的な信徒でしたが、復員してみると、かれの家は跡形もなく焼け、愛する妻子たちは灰となっていました。かれは永井に、「もう生きる元気はなか」、と嘆きます。その理由として市太郎は永井に、「だれに会うてもこういうですたい。原子爆弾は天罰。殺された者は悪人だった。生き残った者は神様からの特別なお恵みをいただいたんだと。それじゃ私の家内と子供は悪者でしたか！」、と詰め寄っています。そこで永井はきわめて冷静に、「さあね、私はまるで反対の思想をもっています。原子爆弾が浦上に落ちたのは大きなみ摂理である。神の恵みである。浦上は神に感謝をささげねばならぬ」、と答えています。市太郎は永井の言葉に驚いて、「感謝をですか」と問い返しています。そこで永井は、明後日、浦上天主堂で行われる合同葬に、信徒代表として読む予定の「原子爆弾合同葬弔辞」を市太郎に手渡し、かれに読ませるのですが、永井の摂理論は特に、この弔辞のなかで展開されています。永井がなぜ、原爆は神の恵みであり、神に感謝しなければならないと言ったかについて、わたしはここではあえて言及しませんが、とにかく、わたしたちがここで理解しておかなければならないことは、原爆投下を「天罰」とみていた人々は、ただ非キリスト者だけではなく、それまで熱心だったキリスト教徒たちの間にも広まっていたという事実です。とにかく永井は、なによりもまず、「原爆投下は決して天罰ではない」、ということを強調したかったのです。市太郎は、永井が差し出した弔辞を、「初めは声を出して元気よく読んでいたが、いつしか黙って、考え考え進む。ぽろりと涙を落とした」、と永井は書いています。市太郎は永井の考えに同意し、感動したからでしょう。浦上天主堂で行われた原子爆弾合同葬で読まれた永井の弔辞を聞いた参列者たちは、皆号泣したと伝えられ、今でも人々の語り草になっています。

わたしはもちろん、永井の弔辞が、浦上の全信徒を十分に納得させた、と言っているのではありません。永井の著書には、たとえ一時的にせよ、かれの説得を受け入れず、教会に背を向け、信仰の道から逸脱した人々も多かった事実も記されています。永井は、科学者でこそあれ、哲学者でも神学者でもありませんでしたから、「神の摂理」について、学術的に十分な説明を試みた、とわたしは思いません。たしかに、かれはここで、神学的な「摂理論」を展開しようとは考えてはいなかったでしょう。永井にとっては「神の摂理論」は、学術的研究対象ではなく、むしろ実践的信仰の対象でした。わたしは、永井の発言の主眼は、摂理をいかに理論的に説明するかではなく、むしろ「原爆投下」の事実を、「神の摂理として受け入れよう」、と諭すことにあった、と考えています。永井の摂理についての信仰は、かれ自身と、多くの人々に、大きな、そして明るい希望を与えています。永井の神の摂理への信仰は、その後の、長い闘病生活、想像を絶する苦しみの中で続けた活発な執筆活動、多くの訪問者たちの相談相手、明日の命も分からない不安な日々にあって、いつも絶やすことがなかった柔和な笑顔などによって、強力に証されています。

3　永井隆博士の「摂理論」(2)

人々は「神の摂理」を、もはや人間の力や努力だけではいかんともできない、いわば運命論的、決定論的意味に解釈します。また、「神の摂理」を認めることは、人間的努力の必要性を否定することになるという理由で、これを一刀両断に切り捨てる人々もいます。たとえば、マルクスやニーチェなどの思想が、この後者に属していると言えるでしょう。永井がしつこいほど繰り返す、「原爆投下は神の摂理である」という表現が、いろいろと批判の的になっている理由の一つも、たしかにこの点にあります。ところが永井は「神の摂理」を認め、強調することによって、このような偏見や誤解を払拭しています。

永井は、『花咲く丘』の冒頭、「序にかえて」で、かれがなぜこの著書を著すかについて、原爆投下後の、浦上の信徒たちの摂理への信仰について書いていますから、まずはこの個所のご紹介から始めましょう。かれは次のように記しています。

「浦上にはいつも『静かな明るさ』がある。こんなひどい荒野にされたのに、騒々しく騒ぎまわるでもなく、暗い絶望にとざされるでもない。何事か起こると、村人は、『おぼしめしですたい』、と言うだけである。おぼしめしとは神の御意によるということ、与えたもうも、奪いたもうも、みなおぼしめしのままに……。そしてすべてを神に感謝し賛美するのである。」

しかし、永井はこれに続いて、「これは『仕方がない！』とあきらめるのとまったくちがう。いかなることも神の愛の贈り物であるから、ありがたく受け、我を愛したもう神を賛美し、『さあ、いっちょう気張りましょうデー』と、お互いに励まし合って、神の示された御意にかなうよう新しい努力を始めるのである。それゆえ絶望も無関心も放心もなく、明るい希望と新しい勇気とがあるわけである」、と「神の摂理」について解説しています。そのうえ永井は、二百五十年にも及ぶ苛酷なキリシタン迫害、浦上四番崩れ、明治六年、キリシタン法度の高札が取り捨てられて、ネズミ一匹も住まないと言われるほどに荒れ果てた畑を耕しながら、すなわち村人は完全な無一文の状態から立ち上がって、当時「東洋一」と言われた浦上天主堂を建設したが、この天主堂も、一発のピカドンで跡形もなく崩壊するという、三回もの悲劇に見舞われるが、そのたびにしっかりと立ち直った事実を挙げています。そして永井は最後に、「浦上人は、この世で無病息災、家内安全、商売繁盛、立身出世などご利益を頂くために神さまを信心しているのでもない。死んでから天国にゆかせてもらうために善い事をしているのでもない。地獄へ落ちないために悪い事をしないのでもない。神を愛したい！――それだけが浦上人の願いであり、生活の目的である」、とも結論しています。このような信仰に生きることこそ「神の摂理」を生きることです。そしてこのような生き方は、どのような苦難にも屈することなく、しばしばくじけそうな弱いわたしたちを勇気づけ、奮い立たせてくれます。

前号で、わたしは、浦上キリシタンの代表者のように思われていた、山田市太郎が復員してみると、家も、愛する妻子も皆、焼けて灰になっている現実に遭遇し、「原爆は天罰だ」という噂に惑わされ、絶望に近い心の状態で永井を訪ねたことについて書きました。そこで永井は、山田に、浦上教会で行われる合同葬で、信徒代表として読むために準備されていた弔辞を読むように渡しました。かれは、「初めは声を出して元気よく読んでいましたが、いつしか黙って、考え考え」進み、ついに「ぽろりと涙を落とした」ところまでご紹介しました。今回は、こうして永井の弔辞を読み終わった後の山田市太郎さんの様子についてご紹介しましょう。永井はそのときの様子を、『長崎の鐘』で、次のように書き記しています。

「市太郎さんは読み終わって眼をつむった。

『やっぱり家内と子供は地獄へは行かなかったにちがいない』しばらくして呟いた。

『先生、そうすると、わたしら生き残りはなんですか？』

『私もあなたも天国の入学試験の落第生ですな』

『天国の落第生、なるほど』

二人は声をそろえて大きく笑った。胸のつかえが下りたようだ。

『よっぽど勉強せにゃ、天国で家内と会うことはできまっせんばい。確かに戦争で死んだ人たちは正直に自分を犠牲にして働いたのですからな。わしらも負けずによほど苦しまねばなりまっせんたい』

『そうですとも、そうですとも。世界一の原子野、この悲しい、寂しい、ものすごい、荒れた灰と瓦の中に踏みとどまって、骨と共に泣きながら建設を始めようではありませんか』

『わしは罪人だから苦しんで賠償させてもらうのが何より楽しみです。祈りながら働きましょう』、市太郎さんは明るい顔になって帰った」

この短い会話にも、永井の「神の摂理論」についての真意の一端が、垣間見れます。

4　永井隆博士と世界平和（1）

永井批判の中で、わたしがもっとも腑に落ちない点は、永井は世界平和に何ら寄与していない、とする考えです。批判論者たちはその根拠として、異口同音に、永井が「神の摂理」という隠れみので、ＧＨＱの厳しい審査を逃れ、天皇を頂点とする当時の日本軍最高司令部と、アメリカの原爆投下の責任を封印したから、と主張します。永井が、かれの諸著書の中で、戦争責任について記述していないことはたしかです。しかしだからといって、永井が戦争責任者の追及を封印したとする結論が、必ずしも正しいとも言えません。永井の諸著作と、ＧＨＱの厳しい調査との関係、特にその正確な因果関係について、わたしは深く研究していません。だからこの問題についての詳細な研究は、今後わたしに課せられた課題です。いずれにしても、永井が、戦争責任の追及を、世界平和の最大の条件として把握してはいなかったことはたしかだった、とは言えるでしょう。もちろん、過去の過ちを認め、これを正すことは、未来を客観的に正しく見据え、方向づけるためには、必要不可欠な条件であることは、永井も十分に認識していたでしょう。しかし過去の歴史が如実に教えるように、お互いが過去の過ちの責任を追及し合っても、そこでは完全な解決は得られません。太平洋戦争に関しても、日本側は、「原爆投下は非人道的で、国際法違反だ」、と主張しますが、アメリカ側は、「日本がまず真珠湾奇襲で戦争を始めた」、「原爆投下は、終戦を早め、より多くの戦争犠牲者を出さないための、やむをえない手段だった」、と反論し合って、お互いに一歩も譲りません。さらに多くの研究者や評論家たちは、アメリカの日本への原爆投下は、原爆実験と、すでに台頭していたソ連へ脅威感を与えることが目的だった、とも言います。終戦後、今年ですでに六十三年の年月が流れましたが、両方の主張は、それこそ「橋のない川」のように合流することはありません。人の世の常とは言え、お互いが責任転嫁を繰り返し、一向に問題解決の目途はたちません。

永井は、戦争の愚かさ、原爆がもたらす悲惨な災いや不幸については雄弁に語りますが、言われるとおり、戦争責任についての具体的な発言には沈黙を守っています。永井がこのような態度を最後まで貫いたのは、言われるように、たしかにGHQとの微妙な関係も否定しがたいでしょう。その当時の歴史的状況が容易な発言を許さなかったからです。しかし永井は、平和への道を、戦争の責任を追及するよりも、すべての人を、自分を迫害し、罵る敵をさえも愛するように、と教え諭されたイエスの教えこそ、世界平和への確実な道だと確信していたからです。この隣人愛こそは、永井が生涯続けた努力目標でした。永井は『この子を残して』でも、二人の遺児に向けて、アメリカで多くの孤児収容所があまりよい成績をあげていないのに対して、「少年の町」の創始者・フラナガン神父が大きな成功をおさめている理由について、神父が、イエスの「愛の掟」、すなわち「なんじ心を尽くし、霊を尽くし、意を尽くして、主たるなんじの神を愛すべし。これは最大のおきてなり。第二もこれに似たり。なんじの近き者を己の如く愛すべし」、という教えを実践したことにあった、と諭しています。そして永井は、「この第一のおきてこそは、私などが常に実行しなければならないものである。第一のおきてを守らずに、第二のおきてを正しく実行することはできない」、しかし「第一のおきてを忠実に守るならば、第二のおきてはおのずから実行せずにはおられなくなる」、とも言明しています。

健康的にも、環境的にも最悪な状況の中で、多くの著書を著した理由について永井は、『原子野録音』で、それは心から「平和」を願ってのことだったと語り、そして次のように記しています。

「いくつかの本を書きましたが、つまるところ私の書きたいことは『平和を……』の願いである。ひとはだれでも平和を願っています。そして永遠大平和の世界をめざして、いろいろ力を尽くしております。けれども、いまの目の前のいきさつは、入りこんでおりまして、ともすれば戦いが起こりそうです。

人がそれぞれ完全円満な者ではないから、お互いにあやまちをしでかしたり、考えのちがうことはありがちです。それをお互いに許すことが平和の基です。平和をことさらに壊そうとたくらむ人々があるように見えますが、その人々を敵にまわして憎んではなりません。

相手を憎む心が起こったら、もう自分も平和を願う権利を失ったこととなります。

相手を愛し、相手の改心のために、犠牲をささげて祈りましょう。それが、平和を保つ、いちばん手堅い方法と思います」

永井は、『いとし子よ』でも、「人類は愛においてたやすく一体となるものだ。世界平和についてむずかしい議論が繰り返されているが、ほんとうの平和をもたらすものは、そんなややこしい会議や思想ではなく、ごく単純な愛の力による」、「平和を守る道は、『なんじら相愛せよ』という、キリストのことばをそのままに行うことである」などと、機会あるごとに、キリスト教的隣人愛の実践を、世界平和の基礎として主張しています。それゆえに永井は、新たに構築されるべき真の世界平和の実現には、もちろん過去の反省も矯正も必要ですが、隣人愛の実践を、最大の条件として、最優先させていたことが明白です。

5　永井隆博士と世界平和（2）

すでに十四、五年前になりますが、二十世紀を代表するフランスの哲学者ジャン・ギトン教授が、フランス政府から、「文化特使」として派遣され、来日しました。その期間中のある日、わたしは、当時の長崎大司教区長・里脇枢機卿から、「すぐ来るように」、という呼び出しを受けました。「何事だろう」、と思って行ってみると、枢機卿は、フランス大使館からのファックスをわたしに見せながら、「このような依頼が来ているが、どうしたらいいだろうか」、と言いました。ファックスの内容は、「来日中の哲学者ジャン・ギトン教授が、『是非とも長崎のカトリック信徒たちに会いたい』、と言っているが、どうにかして、かれの望みを叶えることはできないだろうか」、という相談でした。しかも長崎には二泊三日だけの短い滞在で、来崎の予定日は二日後に迫っていました。幸いわたしはヨーロッパに留学中、教授を個人的にもよく知っていましたので、かれの話を長崎の人々に聞かせたいという希望もあり、「少なくとも浦上の信徒には会えるようにできないでしょうか」と提案し、急遽、浦上天主堂で、午後七時からの講演会を開催するように決定し、早速、その旨をフランス大使館に返事し、市内の諸教会や修道会に知らせ、協力を求めました。

講演の当日、わたしが教授に、「どこか観光したいところはありませんか」、と尋ねると、すでに九十歳で、視力が衰え、足もかなり不自由だったかれは、「特別にないけれども、できれば永井博士の如己堂には行ってみたい」、と答えたので、わたしはかれを、原爆公園経由で、如己堂に案内しました。かれは、「如己堂」に着くと、すぐに車を降り、わたしの説明に熱心に耳を傾けた後、眼をつむったまま、何か考え込んでいるような、あるいは無言の祈りを唱えているような姿で立ちすくんでいました。ようやくその場を離れるとき、ギトン教授はわたしに、「わたしが、今日の講演会で、長崎の人々に言いたかったことに確信を得た。すばらしいところに案内していただいてありがとう」と、いかにも感慨深そうに礼を言いました。しかしそのとき、わたしにはまだ、かれの講演の題名さえも知らされていませんでしたので、かれの言葉の真意が理解できませんでした。

講演会の時間が近づくと、わたしたちの不安は一掃されました。急な呼びかけだったにもかかわらず、浦上天主堂は、補助席も含めて、超満員の聴衆でうずまったからです。ギトン教授は、「二つの火」という演題で、雄弁に語り始めました。「一つ目の火」は、人類がはじめて「火」を発見したときの「火」で、それはまさに人類の文明・文化開化の「しるし」だった。そして「二つ目の火」は、広島と長崎に投下された「原子爆弾の火」だ、とかれは言明しました。そこで教授は、多くの不幸と、悲劇をもたらしたこの二つ目の「原爆の火」を、新しい「世界平和の火」、「新しい世界平和開化」の『しるし』としなければならない。筆舌に尽くしがたいほどの歴史的な被爆の惨事を体験した長崎の皆さんは、今こそ立ち上がって、世界に向けて、声高らかに「世界平和を叫び続けてほしい」、「長崎こそが、世界平和の再建の原点であり、モデルである」、「わたしはただこのことを皆さんに訴えたくて、ここ長崎にまで来ました」と、熱弁をふるい、満員の聴衆を感動させました。このときわたしは、教授が如己堂の前で、「講演会で言いたいことに確信を得た」、と言った言葉の意味を理解できました。教授は、小さな如己堂を介して、「長崎・浦上の再興」だけではなく、「世界平和の再構築」のための新しい灯火を確信したのでしょう。

生前の永井を知っている長崎の人々は、博士が狭い如己堂で、しかも身動きもできない仰向けの状態で、『長崎の鐘』、『この子を残して』、『ロザリオの鎖』、『花咲く丘』など、数々のベストセラーを著し、天皇陛下の拝謁、教皇特使ギルロイ枢機卿の見舞い、長崎市からは名誉市民の称号を贈られ、国会の表彰勧告に基づいて吉田首相の表彰を受け、天皇からは銀杯一組が贈られ、ときの本多国務大臣は如己堂を訪れて、賜杯と首相の表彰状を伝達したことなどもよく知り、誇りに思っていました。さらに映画化された『長崎の鐘』と、その主題歌が共に大ヒットし、長崎の人々は、永井博士に深い感動と尊敬の念を持っていました。

わたしは、高校時代の一年半を、この如己堂のすぐ側の道を通って通学していましたが、「馴れ」とは恐ろしいもので、すでに空家となっていた「如己堂」に、小さな観光地以上の意義を悟ってはいませんでした。しかしわたしは、長い欧米での留学時代に、しばしば永井博士について尋ねられ、かれの多くの著書が外国語に訳されて、人々に愛読されている事実を知って、今さらのように、博士の偉大さを知らされました。わたしが欧米滞在中にさらに驚いたことは、「長崎」、「原爆被爆地」、「永井隆」、そして「世界平和」の四つの言葉が、かれらには、完全に同じ線上に並んでいることでした。そしてギトン教授が、如己堂で言われた言葉と、講演での発言を通して、わたしは、あらためて永井の偉大さと、特にかれの世界平和への功績の大きさに気づかされた次第です。くしくも今年は、永井隆博士生誕百周年にあたることから、長崎はもちろん、県外や外国でさえ、博士について種々の記念行事が行われています。この機会にわたしたちは、偉大な先輩の足跡を辿り、その遺志をしっかりと受け継ぎ、「世界平和」のシンボル長崎を、世界に提示すべきです。

6　永井隆博士と世界平和（3）

永井は、世界平和に寄与していない、と言う人々が少なくないことについては、すでに紹介しました。永井は、昭和十九年、三十六歳で、長崎医大で医学博士の学位を取得した翌年の二十年六月に、放射線研究者にとっては、当時まさに職業病と恐れられていた白血病に自らかかり、余命三年との診断を受けています。しかしかれは、たとえ三年の命でも、この研究こそは、多くの病者に光をもたらすための使命と覚悟して、日夜熱心に研究を継続しています。長崎の上空に一発の原子爆弾が炸裂したのは、かれが、白血病で、余命三年、と診断されてから、わずか二ヶ月後のことでした。被爆した永井は、右側頭動脈切断と出血多量のため、危険な状態にあったにもかかわらず、三日間、救護に挺身しますが、ついに失神して倒れてしまいます。ようやく自宅の焼け跡にたどり着いた永井がそこで見たものは、愛する妻の遺骨だけでした。灰になった妻の遺骨を拾って埋葬した永井は、早速、三ッ山町木場に救護隊を設けて、二百五十人にも及ぶ原爆負傷者の介護と治療に奔走しますが、再び失神して危篤に陥ります。一週間後、まさに奇跡的に危機を脱することができた永井は、木場の救護隊を解散して長崎に戻り、大学での講義、原爆被爆者の介護と治療に奔走しますが、ついに力尽き、せまい「如己堂」での、二人の子供たちとの、不自由な生活を余儀なくされます。それでも永井は、世界平和への願望と叫びを断つことができず、執筆活動を開始しているのです。こうして著されたかれの著書は、多くの出版社から単行本として出版され、人々に親しまれ、愛読されていますが、最近サンパウロ出版社から出された『永井隆全集』、全三巻（各巻八百頁前後）を手にするだけで、わたしたちはかれのまさに驚異的な執筆活動を実感できるでしょう。

永井の世界平和への活動は、これに尽きるものではありませんでした。皆さんはきっと一度は見たことがあると思いますが、かれは、有名な「平和を」の三文字を千枚も書いて、知人や訪問者たちに配り、平和への努力を頼んでいます。永井はさらに、著書の印税を、浦上天主堂や長崎市復興のために寄付し、人々に希望を与え続けることができるようにと、特に被爆被害が多かった旧山里小学校を中心に、たくさんの桜の苗を植えましたが、毎年季節になると、人々は満開になった桜の花に慰められ、励まされています。繰り返しになりますが、永井の世界平和運動の基礎は、己の如く、すべての人を愛するという、実践的隣人愛の実行以外にはありませんでした。

このような、永井の世界に向けての平和への訴えは、決して無駄ではありませんでした。国内はもちろん、外国からも大きな反響を呼んだからです。時のアルゼンチン大統領夫人は、永井の訴えに応じて、同国の保護者ルハンの聖母像を贈り、イタリアのカトリック医師会は、教皇ピオ十二世の祝福を受けた「平和の聖母像」を贈って、賛同を表現しました。

わたしたちはこの長崎の地に、世界に向けて「平和」を訴え続けたこれほど偉大な先輩がいたことを忘れてはなりませんし、その尊い遺志を継続しなければなりません。わたしは、戦後六十三年も経つと、直接な原爆被害者の数も減り、原爆の悲惨さも風化されるのではないかという危惧を感じて、寂しく思うことがありま す。しかしそのようなとき、わたしたちに勇気を与え、わたしたちを奮い立たせてくれることが二つあります。その一つは、毎年、長崎に原爆が投下された八月九日に行われる「平和祈願祭」です。この日には、宗教、宗派を超えて、長崎の全市民が一つになって、熱心に「平和」を祈る姿を見るたびに、わたしは、「これこそ世界平和」の基礎だ、と心の中で喜んでいます。今年の田上長崎市長の「平和宣言」は、長崎の被爆惨事が風化されることを警告し、核保有国のアメリカやロシアを名指した、核廃絶への具体的内容的の、力強い、そしてすばらしい宣言でした。

もう一つわたしたちを慰め、希望を与えていることは、長崎の若人、特に高校生たちを中心に実行されている平和運動と、核廃絶のための署名活動です。七年前に、こ

ルハンの聖母像（ブロンズ製）
昭和25（1950）年11月、ペロン＝アルゼンチン大統領夫人、エヴァ女史より被爆地長崎の復興と平和を祈念して贈られたもので、大小２体のうち大聖母像が浦上天主堂に、そして小聖母像が永井隆に贈られた。
中央は永井博士の次女茅乃
「永井隆記念館」提供

の長崎で始まった彼ら高校生たちの小さな運動が、次第にその輪を広げ、活発になり、今や県外はもちろん、外国の若人たちの賛同と協力をも得て、大きく発展しつつあることは、本当に喜ばしいかぎりです。哲学者ジャン・ギトン教授の言葉を借りると、「二つ目の火」である長崎での原爆の「火」が、今度こそ、人類の真の平和への点火となって世界に広まり、ただ戦争がないだけではなく、全人類がお互いに愛し合い、助け合って、文字どおり平和に暮らせる日がきっと到来することを、わたしたちは確信しています。しかしそのためには、真心からの対話の実践によって、核廃絶だけではなく、わたしたち一人ひとりが愛し合い、ゆるし合って一致協力する必要があります。そのためには、原子爆弾の恐ろしさを直接に体験したわたしたち長崎市民が、このような悲劇を決して風化させることなく、まず身近なところから、わたしたちにできる小さな努力を続けるべきです。長崎という、いわば小さな池に投じられた小石の波紋は、確実に大きくなって、世界の隅々にまで輪を広げるでしょう。これこそは、被爆地長崎に生きるわたしたちの使命であり、永井隆博士が、最期までわたしたちに訴え続けたメッセージではなかったでしょうか。「世界平和は長崎から」、わたしたちは誇りと自信をもって、この言葉を叫び続け、長崎独特の魅力を発揮すべきです。

あとがき

本著は、昨年度、「永井隆博士生誕百周年」を記念して、長崎市立図書館の多目的ホールで、三回にわたって行われたわたしの講演記録です（第一回は二〇〇八年八月三日、第二回は同年十二月七日、第三回は二〇〇九年一月十八日）。講演内容は、限られた時間内ではとても言い尽くせるようなものではなく、その点ではいたって不完全で、とても満足できるものではありませんが、講演会にご参加くださった方々や、いろいろの都合で参加できなかった多くの方々からも、「早く出版して欲しい」という要望が相次ぎましたので、このような形で、その時の講演記録を、ほとんどそのままの形で出版することにしました。

今回のわたしの『永井隆博士の思想を語る』についての講演は、永井隆批判に対する、いわば弁護論でして、永井の真に魅力的で、積極的な側面についてはほとんど言及していない恐れがあると思いました。ですから今後、『永井隆博士の思想を語る』の続篇として、七月五日には、長崎大学医学部教授で、今や国際的に大活躍しておれる山下俊一先生には、「科学者・医学者としての永井隆」について、そして長崎純心大学のシスター山田幸子教授（現代福祉学科長）には、七月十九日に、あまり知られていない永井のもう一つの側面である博士の福祉活動について、「永井の福祉論」というテーマで、講演をお願いしています。お二人の講演は、わたしの荒削り的な永井隆像を、より柔らかく、そしてより魅力的に紹介されることになるだろうと期待しています。お二人の講演も、もしご両人のご協力、ご賛同がえられれば、後日、このような形で出版したいと願っています。

申し遅れましたが、山下俊一教授には、たいへんご多忙な毎日をお過ごしにもかかわらず、本講演会の実行委員のお一人として、終始ご協力をいただき、また拙著のためにご丁寧な「推薦の言葉」を戴きました。心からお礼申し上げます。

なお本著の出版にあたって、出版社の株式会社昭和堂と直接交渉してくださり、本文に挿入されているすべての適切で、しかも貴重な写真等を探し出すために奔走され、しかも正確な最終校正の労も引き受けてくださったのは、講演会の実行委員会の一人でもあり、学生時代の後輩で、今も心通じる親友のお一人である池田智忠君でした。彼の励ましとご協力がなかったら、本著が日の目をみることはなかったでしょう。ここに改めて心からの感謝の意を表します。

本著の終わりに、記載されている、『永井隆博士生誕百周年によせて』は、昨年九月から今年二月まで、自治労長崎県職連合労働組合誌『長崎消息』に、六回にわたり、同じタイトルで連載したものを、同誌の編集部の許可をえて、付録の形で転載させていただきました。転載を許可くださった編集部の方々にも、お礼申し上げます。
最後になりましたが、今回、わたしの講演録を、このような立派な著書として出版してくださり、いろいろな面でご協力くださった株式会社昭和堂の方々にも感謝申し上げます。

山内清海

二〇〇九年五月三十日

文芸社からの再販について

本著、『永井隆博士の思想を語る（永井博士生誕百周年の記念講演録）』は、筆者自身が初版の「はじめに」で述べているように、二〇〇八年、永井博士の生誕百周年を祝う記念行事の一環として、長崎在住の数名の有志によって企画された連続講演で、筆者が行った三回の公演の記録です。講演会終了後すぐ、参加者をはじめ、多くの方々から、出版の要望があり、取りあえず長崎市内の昭和堂印刷と、ゆるり書房の出版協力の形式で、いわば私的に出版しましたが、限定的な冊子数だったこともあって、あっという間に完売し、長崎だけではなく、中央からも、再販の声が高まりましたが、筆者としては、「もう少し時間に余裕ができてから、もっと完成された形で再版しよう」、とゆっくり構えていました。ところがふと気付くと、それからすでに八年の月日が流れ、わたし自身も否応なしに体力の限界を実感せざるをえなくなりました。わたしは、読者との約束を叶えるべきか否かを決定すべき時だと考え、もう一度原著を読み返してみました。

本著は本来、永井に対する厳しい批判を弁護するために企画されたものであっただけに、戦後七十余年を経た今日では、内容的にもすでに少し色あせ、時宜を逸している、と批判されるかもしれない、と考え迷いました。しかし著書の第三章「永井隆の平和論」で、永井が、日本を巡る国際情勢次第では、日本人の中から憲法を改めて戦争放棄の条目を削り、それなりの理論をつけて再軍備に向かわせようとする人々が多くなるかもしれない、と憂いつつ、残される二人の子供たちには、どのような状況になっても、最後の最後まで、戦争反対、再軍備反対を叫び続けなさい、と諭している個所が、安倍政権下で着々と進められている状況を考えさせ、永井のこのような遺言が、まさに現代人への預言的勧告のようにさえ思えてならなかった。そしてわたしは、これだけでも、本著の再販の価値があるのではないかと考えるようになり、再販を決意するにいたりました。

しかし残念ながら、初版時に予測していました本著の内容も文体も、わたしの健康的事情のために無修正で、初版のままであることを、読者の皆様にお断りし、お詫びしなければなりません。

以上のような状況の中、取りあえず文芸社の編成企画部の上田慎也氏に相談しますと、快く推薦していただき、しかも編集担当者として、今までも何度となくお世話になった竹内明子氏を指名してくださいました。本著の出版に直接間接に関わってくださった文芸社のすべての方々をはじめ、ご推薦下さった上田慎也氏、特に面倒な校正を担当してくださった竹内明子氏に、心からの感謝の意を表します。わたしの拙い文章が少しでも読みやすくなっていれば、それは熱心にご協力くださった竹内明子氏のおかげです。

なお本著で使用され、引用されている聖書は、原則的にフランシスコ会聖書研究所訳注、サンパウロ発行所『聖書』からです。

平成二十八年八月十五日

長崎にて　山内　清海

改訂版の発行について

　昭和堂印刷、ゆるり書房の協力を得て、長崎市の読者を対象に出版しましたこの本は、その後、東京の出版社である文芸社の目に留まり、文庫本として出版されました。

　この度、永井隆・みどり御夫妻の列福・列聖の準備が公的に始まり、再び長崎でも活発に運動するようにという要請を受け、正式に活動が開始されるようになりました。

　ここで、〝しっぽもひと役〟の言葉通り、博士の列福・列聖に小さな役目でも果たせればと願って、急いで再販をという読者の要望に応えようとしました。

「しっぽもひと役。ぶたのしっぽだってね、なかったら、おかしいだろう。何の役にもたっていないように見えるしっぽでも、本当はとても役にたっている、なくてはならないものなんだよ。」と、博士は、絵を描きながら、娘、茅乃さんに説明したそうです。

昨年は、欧米マスコミからの取材も多かったのですが、要望に応えようとする私自身が健康を害し、博士の平和論だけでも書き直したいという望みも果たせる自信がなくなり、今まで、私のそばで助けていただいた、音楽家、小畑郁男先生の協力を仰ぎ、最終校正とあとがきの完成をお願いしました。ここで改めて先生に感謝の意を表します。

ちなみに永井博士全集第４巻（書描集）が出版され、これを読むと、私がこれまで発表したものでは、永井隆の平和論として、いたって不十分であることに気づき、この平和論に関しては、後日、講演会で公開することにいたしました。

今回の本には、新たな写真を収録することができました。永井博士の甥であり、長崎市永井隆記念館館長、永井徳三郎氏の協力によるものです。お礼申し上げます。

最後に、この度もご協力いただいた、文芸社の編集のみなさん、心から感謝申し上げます。特に直接的な協力をしてくださった編集副主任、竹内明子様、ほんとうにありがとうございました。

■山内清海主著書■

『共産主義について』、『聖トマス・アクィナス研究入門』、『聖トマス・アクィナス哲学序論』、『主よお話ください』、『心の哲学』、『信教の自由』、『みことばを生きる』（上・下）、『苦しみの福音』（以上サンパウロ）『ヨブ記を読む』、『キリスト教人間論』（聖母の騎士社）、『祈りについて』、『主日の黙想』、『良心について』（以上あかし書房）、『わたしの魂は渇く』、『キリストを生きる』、『「核なき世界平和」を叫び続ける教皇フランシスコ』（以上文芸社）など多数

著者プロフィール

山内 清海（やまうち きよみ）

カトリック長崎大司教区司祭（お告げのマリア修道会付き司祭）

1935年 長崎県に生まれる。

1961年 カナダ・モントリオールでカトリック司祭に叙階。

カナダ・モントリオール大学・神学部卒業。

ローマ、教皇庁聖トマス大学（旧アンジェリクム）神学部及び哲学部卒業。

神学博士号取得、哲学博士課程後期修了（哲学修士）。

1964年以来、福岡サン・スルピス大神学院にて、哲学教授、院長を経て、長崎純心大学・同大学院教授・長崎大学非常勤講師などを経て、現在、長崎純心大学名誉教授。

改訂版・永井隆博士の思想を語る
（永井博士生誕百周年の記念講演会録）

2024年１月15日　初版第１刷発行

著　者　山内 清海
発行者　瓜谷 綱延
発行所　株式会社文芸社
〒160-0022　東京都新宿区新宿1－10－1
電話　03-5369-3060（代表）
03-5369-2299（販売）

印刷所　株式会社暁印刷

ISBN978-4-286-24847-9